dugsi - koulu	2
safar - matka	5
gaadiid - kuljetus	8
magaalo - kaupunki	10
muqaal-dhireed - maisema	14
makhaayad - ravintola	17
carwo - supermarketti	20
cabitaan - juomat	22
cunto - ruoka	23
beer - maatila	27
guri - talo	31
qol jiib - olohuone	33
jiko - keittiö	35
musqul-qubeys - kylpyhuone	38
qolka ilmaha - lastenhuone	42
dhar - vaatteet	44
xafiis - toimisto	49
dhaqaalaha - talous	51
shaqooyin - ammatit	53
qalab - työkalut	56
qalab muusiko - soittimet	57
beer-xayawaan - eläintarha	59
isboortiga - urheilu	62
hawlo - aktiviteetit	63
qoys - perhe	67
jir - vartalo	68
isbitaal - sairaala	72
xaalad deg-deg ah - hätätilanne	76
dhul - maa	77
saacad - kello	79
toddobaad - viikko	80
sanad - vuosi	81
qaababka - muodot	83
midabbo - värit	84
iska-soo-hoorjeeda - vastakohdat	85
lambarro - numerot	88
luuqado - kielet	90
kee / maxay / sidee - kuka / mitä / miten	91
xaggee - missä	92

Impressum
Verlag: BABADADA GmbH, Nedderfeld 112 , 22529 Hamburg
Geschäftsführer / Verlagsleitung: Harald Hof
Druck: Books on Demand GmbH, In de Tarpen 42, 22848 Norderstedt

Imprint
Publisher: BABADADA GmbH, Nedderfeld 112 , 22529 Hamburg, Germany
Managing Director / Publishing direction: Harald Hof
Print: Books on Demand GmbH, In de Tarpen 42, 22848 Norderstedt

dugsi
koulu

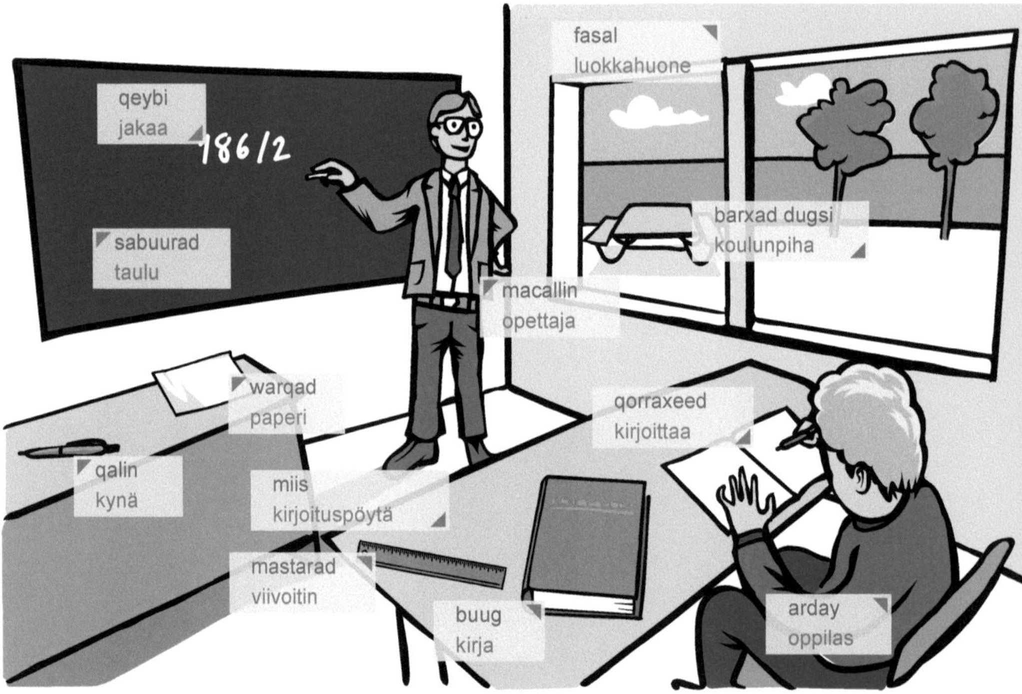

fasal
luokkahuone
qeybi
jakaa
186/2
sabuurad
taulu
barxad dugsi
koulunpiha
macallin
opettaja
warqad
paperi
qorraxeed
kirjoittaa
qalin
kynä
miis
kirjoituspöytä
mastarad
viivoitin
buug
kirja
arday
oppilas

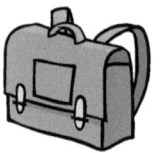

boorso

reppu

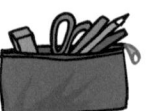

kiis qalin-qori

penaali

qalin-qori

lyijykynä

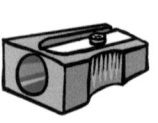

koobka qalin qor

kynänteroitin

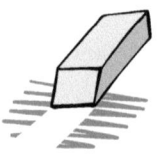

titirre

pyyhekumi

buugga sawirka

piirustuslehtiö

sawirid

piirustus

burushka midabaynta

pensseli

gasaca midabaynta

vesivärit

maqasyo

sakset

koollo

liima

buug qoraal

harjoituskirja

shaqo-guri

kotitehtävä

lambar

luku

2+2

ku dar

lisätä

5-2

ka jar

vähentää

ku dhufo

kertoa

xisaabi

laskea

warqad

kirjain

alifbeeto

aakkoset

erey

sana

qoraal

teksti

akhri

lukea

jeesto

liitu

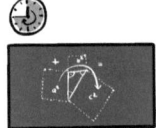

cahsar

oppitunti

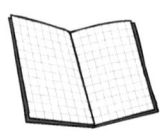

diiwaan

opettajan muistikirja

imtixaan

koe

shahaado

todistus

direes dugsi

koulupuku

waxbarasho

koulutus

diwaan mowduuceed

sanakirja

jaamacad

yliopisto

mayskariskoob

mikroskooppi

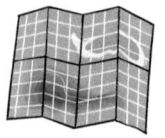

khariidad

kartta

haan qashin-gur

roskakori

safar
matka

hoteel
hotelli
Grand
hoteel jiif-cunto
retkeilymaja
ROOMS
EXCHANGE
xafiiska sarrifaka lacagaha
rahanvaihto
shandad-dhar
matkalaukku
baabuur
auto

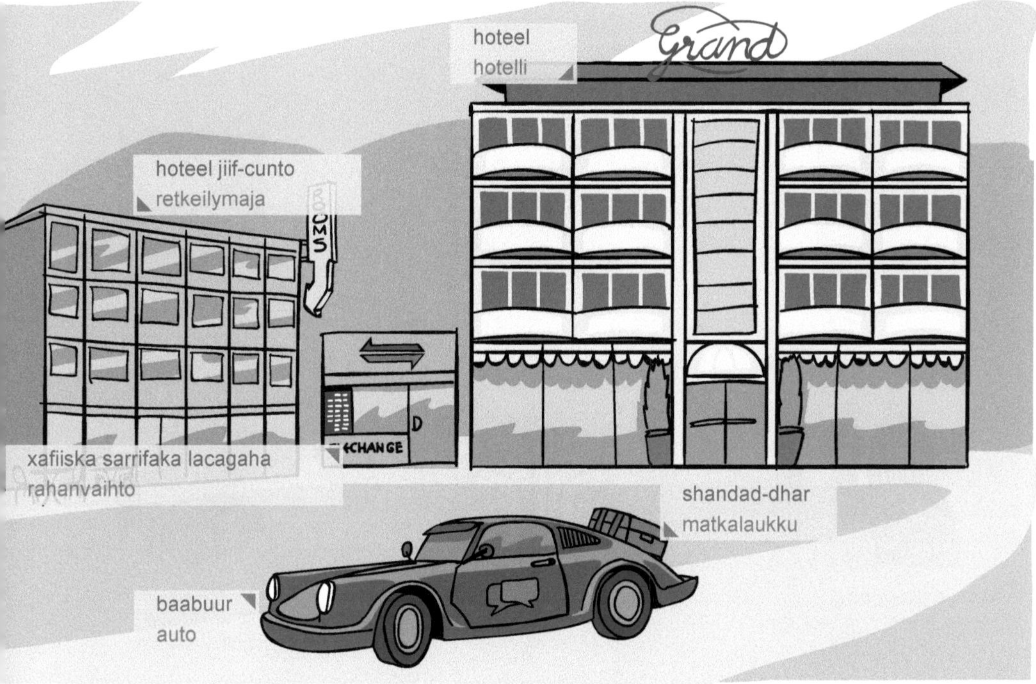

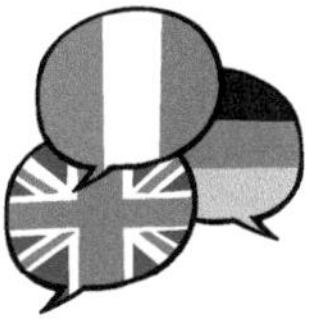

luuqad

kieli

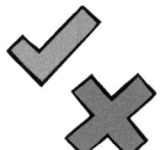

haa / maya

kyllä / ei

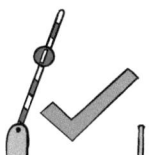

Hagaag

selvä

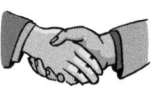

nabad miyaa

hei

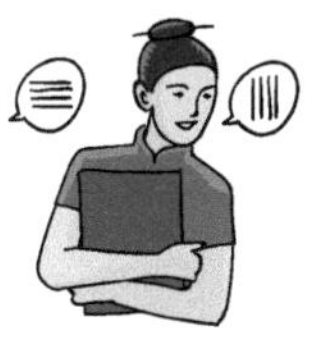

turjumaan

tulkki

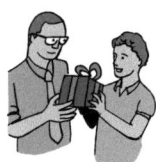

Waad mahadsan tahay

kiitos

waa immisa…?

Paljonko…maksaa?

ma aanan fahamin

en ymmärrä

dhibaato

ongelma

galab wanaagsan!

Hyvää iltaa!

subax wanaagsan!

Hyvää huomenta!

habeen wanaagsan!

Hyvää yötä!

nabad gelyo

näkemiin

jiho

suunta

alaabo

matkatavarat

boorso

laukku

boorso-dhabar

reppu

marti

vieras

qol

huone

katiifad

makuupussi

teendho

teltta

xog dalxiis
turisti-info

xeebta
ranta

kaar amaah
luottokortti

quraac
aamupala

qado
lounas

casho
päivällinen

rasiid
matkalippu

wiish
hissi

tiimbare
postimerkki

xuduud
raja

qeybta-canshuur-bixinta
tulli

safaarad
suurlähetystö

dal ku gal
viisumi

baasaboor
passi

gaadiid
kuljetus

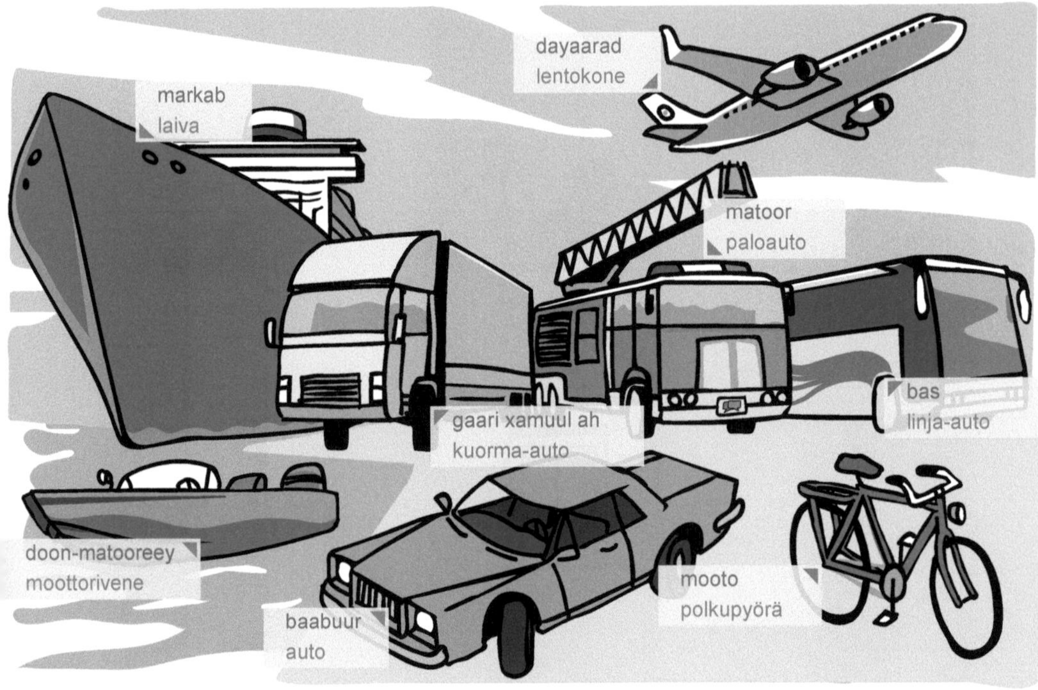
dayaarad
lentokone
markab
laiva
matoor
paloauto
bas
linja-auto
gaari xamuul ah
kuorma-auto
doon-matooreey
moottorivene
baabuur
auto
mooto
polkupyörä

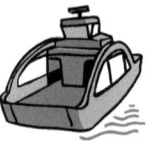

doon

lautta

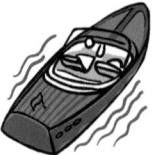

doonnida

vene

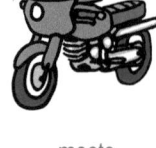

mooto

moottoripyörä

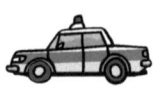

baabuur booliis

poliisiauto

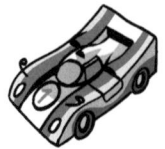

baabuur baratan

kilpa-auto

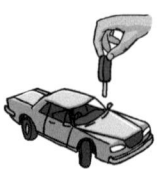

baabuur la-kiraysto

vuokra-auto

gaadiid-wadaag

car sharing

wiishle

hinausauto

gaari qashin-gure

roska-auto

matoor

moottori

shidaal

polttoaine

ajib

huoltoasema

calaamad taraafiko

liikennemerkki

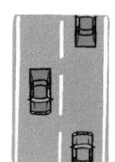

taraafiko

liikenne

jaam baabuur

ruuhka

baarkin-baabuur

parkkipaikka

boosteejo tareen

rautatieasema

waddo-tareen

raiteet

tareen

juna

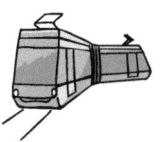

taraam

raitiovaunu

gaari faras

vaunu

helikobtar

helikopteri

garoonka dayuuradaha

lentokenttä

manaarad

lähilennonjohto

rakaab

matkustaja

weel

kontti

kartoon

pahvilaatikko

gaari faras

kärryt

dambiil

kori

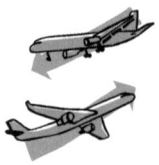

kicid / degis

nousta / laskea

magaalo
kaupunki

tuulo

kylä

faras magaale

keskusta

guri

talo

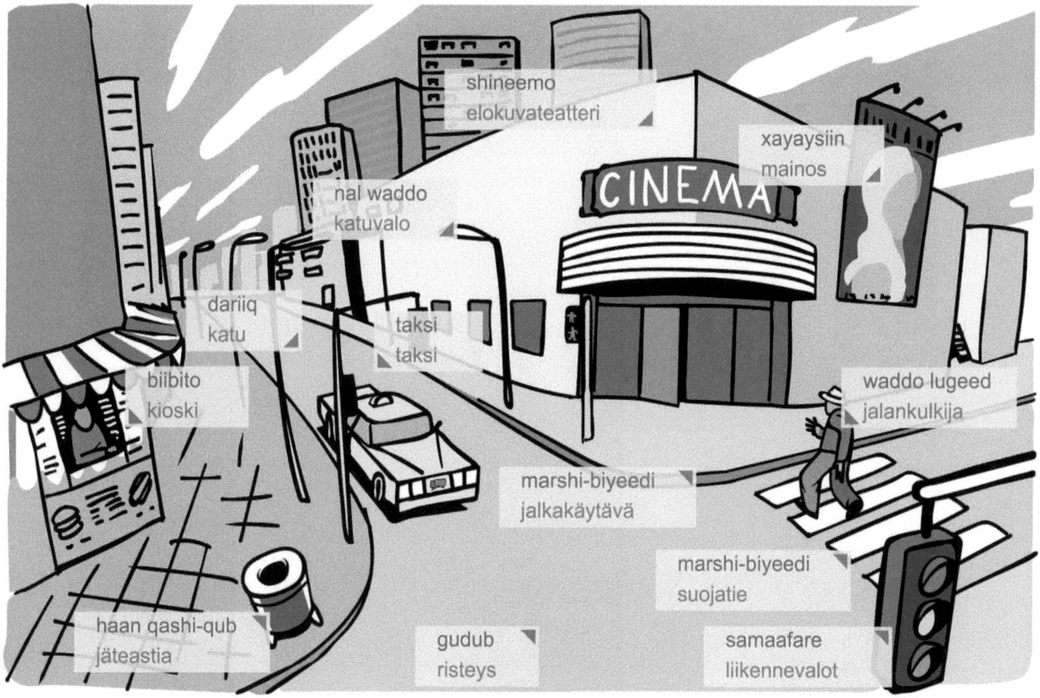
shineemo
elokuvateatteri
xayaysiin
mainos
nal waddo
katuvalo
dariiq
katu
taksi
taksi
biibito
kioski
waddo lugeed
jalankulkija
marshi-biyeedi
jalkakäytävä
marshi-biyeedi
suojatie
haan qashi-qub
jäteastia
gudub
risteys
samaafare
liikennevalot

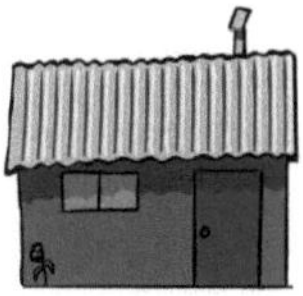

mundul

mökki

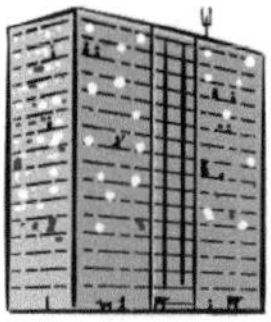

dabaq

kerrostalo

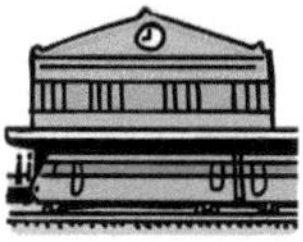

boosteejo tareen

rautatieasema

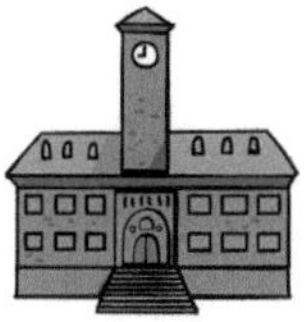

xarunta dowladda-hoose

kaupungintalo

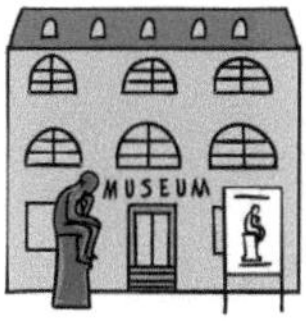
MUSEUM

matxaf

museo

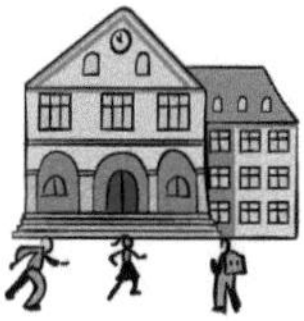

dugsi

koulu

jaamacad

yliopisto

bangi

pankki

isbitaal

sairaala

hoteel

hotelli

farmasi

apteekki

xafiis

toimisto

buug shoob

kirjakauppa

dukaan

liike

dukaan ubax

kukkakauppa

carwo

supermarketti

suuq

tori

suuq weyne

tavaratalo

kalluun-iibshe

kalakauppias

suuq

ostoskeskus

furdo

satama

jardiino

puisto

kursi

penkki

buundo

silta

jaraanjaro

portaat

waddo-tareen-hoosaad

metro

waddo-dhul hoose

tunneli

boosteejo

linja-autopysäkki

baar

baari

makhaayad

ravintola

sanduuq boosto

postilaatikko

calaamad waddo

katukyltti

joogid-cabbire

parkkimittari

beer-xayawaan

eläintarha

barkad dabbaalasho

uimala

masaajid

moskeija

beer

maatila

naqas

ympäristön saastuminen

qabuuro

hautausmaa

kaniisad

kirkko

garoon

leikkikenttä

macbad

temppeli

muqaal-dhireed
maisema

caleen
lehti

calaamad-waddo
tienviitta

waddo
tie

seere
niitty

dhagax
kivi

buur korre
retkeilijä

geed
puu

webi
joki

caws
ruoho

ubax
kukka

dooxo
laakso

buur
vuori

laag
järvi

kayn
metsä

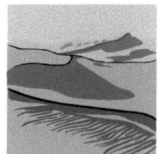

saxare
aavikko

foolkaano
tulivuori

qasri
linna

qaanso-roobaad
sateenkaari

barkin-waraabe
sieni

geed timireed
palmu

kaneeco
hyttynen

duqsi
kärpänen

qoraanjo
muurahainen

shinni
mehiläinen

caaro
hämähäkki

dameer-duudeey

kovakuoriainen

rah

sammakko

dabagaalle

orava

kashiito

siili

dabagaalle

jänis

guumeys

pöllö

shimbir

lintu

boolo-boolo

joutsen

doofaar-jilibeey

villisika

deero

peura

faras-duur

hirvi

biyo-xireen

pato

tamar-dhaliye

tuulimylly

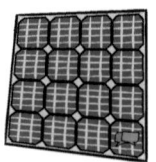

soollar

aurinkopaneeli

cimilo

ilmasto

kabalyeeri
tarjoilija

warqad qiimo
ruokalista

kursi
tuoli

maraq
keitto

biise
pitsa

maro-miis
pöytäliina

alaab
ruokailuvälineet

af-billow

alkuruoka

cunto bariimo

pääruoka

macmacaan

jälkiruoka

cabitaan

juomat

cunto

ruoka

dhalo

pullo

cunto diyaarsan

pikaruoka

cunto-waddo

katuruoka

jalmad shaah

teekannu

weelka sonkorta

sokeriastia

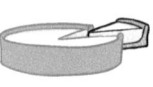

qayb

annos

mashiinka isbareesada

espressokeitin

kursi dheer

syöttötuoli

biil

lasku

tereey

tarjotin

mindi

veitsi

fargeeto

haarukka

qaaddo

lusikka

malqacad-shaah

teelusikka

shukumaan miis

servietti

galaas

lasi

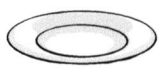

saxan

lautanen

saxanka maraqa

syvä lautanen

saxan

aluslautanen

suugo

kastike

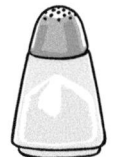

weelka cusbada

suolasirotin

basbaas shiide

pippurimylly

fixiye

etikka

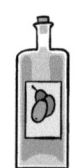

saliid

öljy

dhandhanaan

mausteet

suugo

ketsuppi

mastaard

sinappi

mayoonees

majoneesi

carwo
supermarketti

qiima dhimis qaas ah
tarjous
FOR
macmiil
asiakas
caano
maitotuotteet
miro
hedelmät
gaariga adeega
ostoskärryt

BUTCHERS

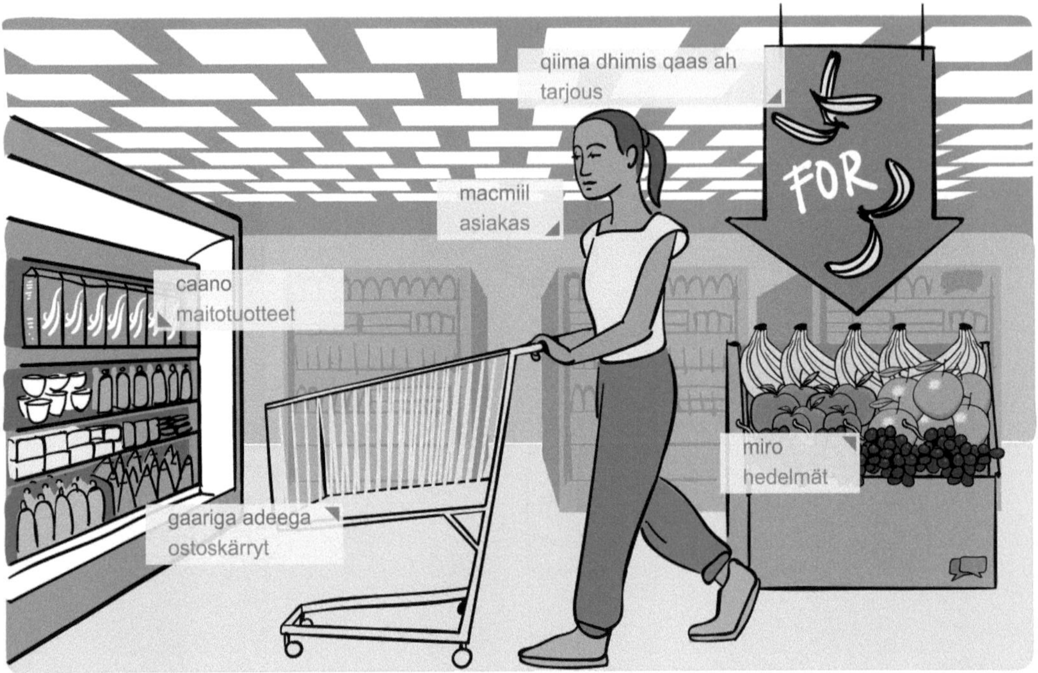

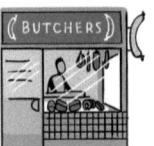

kawaan

teurastamo

BAKERY

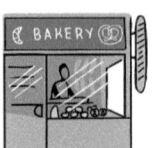

foorno

leipomo

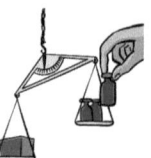

cabbir

punnita

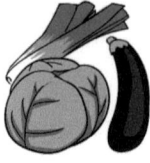

khudaar

kasvikset

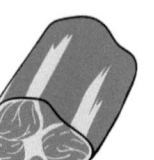

hilib

liha

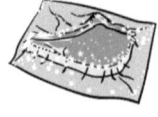

cunto la qaboojiyay

pakasteet

hilibka qadada

leikkele

cunto gasacadeysan

säilykkeet

oomo

pesujauhe

macmacaan

makeiset

alaabada guri

kotitaloustarvikkeet

alaabo nadaafad

puhdistusaineet

iibshe

myyjä

diiwaan lacagta

kassa

qasnaji

kassanhoitaja

liis adeeg

ostoslista

saacadaha shaqo

aukioloajat

shandada jeebka

lompakko

kaar amaah

luottokortti

bac

kassi

bac

muovipussi

biyo

vesi

casiir

mehu

caano

maito

kooka-kola

kokis

khamri

viini

biir

olut

khamri

alkoholi

kooke

kaakao

shaah

tee

kafee

kahvi

isberesso

espresso

koobishiin

cappuccino

muus
....
banaani

tufaax
....
omena

liin-bambeelmo
....
appelsiini

qare
....
meloni

liin
....
sitruuna

karooto
....
porkkana

toon
....
valkosipuli

baambuu
....
bambu

basal
....
sipuli

barkin-waraabe
....
sieni

loos
....
pähkinät

baasto
....
spagetti

baasto

spagetti

bariis

riisi

salar

salaatti

jibsi

ranskalaiset

baradho shiilan

paistetut perunat

biise

pitsa

haambeegar

hampurilainen

saanwij

voileipä

hilib-jiir

leike

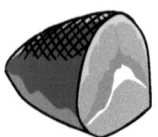

hilib-doofaar

kinkku

salami

salami

sooseej

makkara

hilib-digaag

kana

duban

paisti

kalluun

kala

sareenta mashaarida

kaurahiutaleet

quraac isku-dhafan

mysli

daango

murot

bur

jauho

nooc rooti ah

voisarvi

rooti

sämpylä

rooti

leipä

rooti-la-kulluleeyey

paahtoleipä

buskud

keksit

subag

voi

hanti

rahka

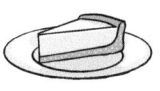

doolsho

kakku

ukun

kananmuna

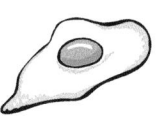

ukun shiilan

paistettu kananmuna

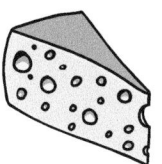

burcad

juusto

jalaato
jäätelö

sonkor
sokeri

malab
hunaja

malmalaado
hillo

labeen macmacaan
suklaapähkinälevite

suugo
curry

beer
maatila

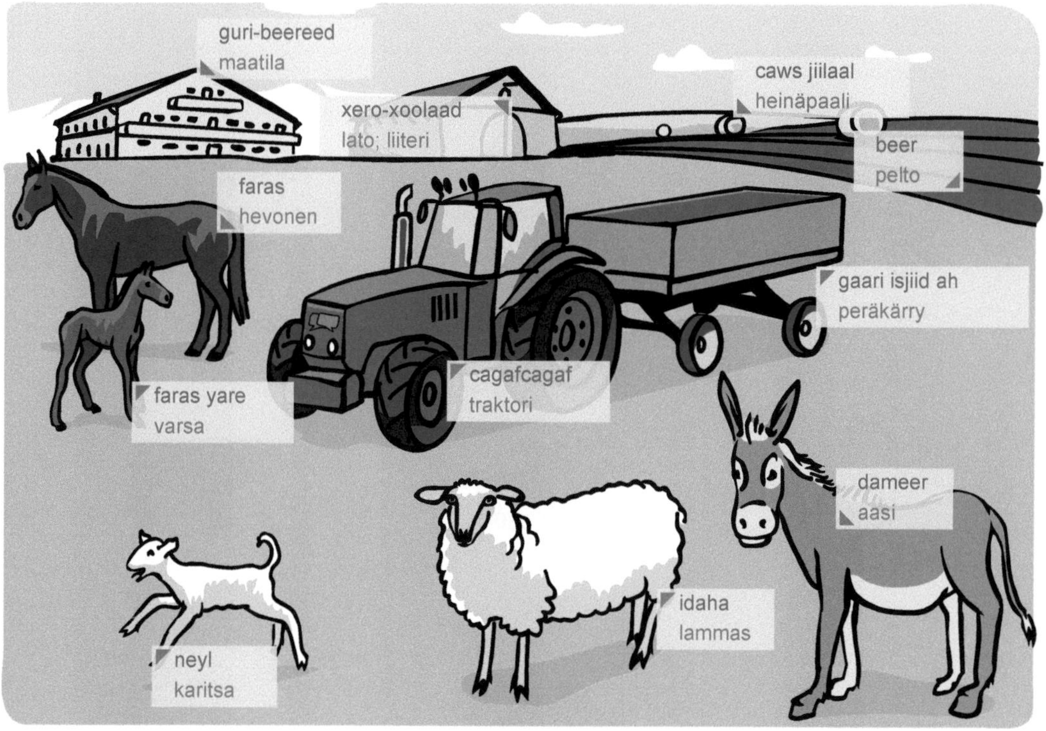
guri-beereed
maatila
xero-xoolaad
lato; liiteri
caws jiilaal
heinäpaali
beer
pelto
faras
hevonen
gaari isjiid ah
peräkärry
faras yare
varsa
cagafcagaf
traktori
dameer
aasi
idaha
lammas
neyl
karitsa

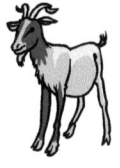

ri'
vuohi

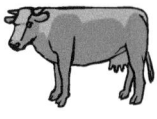

sac
lehmä

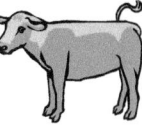

weyl
vasikka

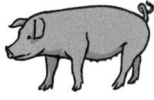

doofaar
sika

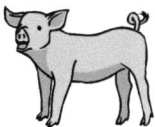

dhal doofaar
porsas

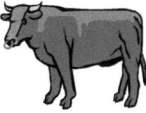

dibi
sonni

bawaato lab

hanhi

bawaato

ankka

jiijiile

tipu

digaag

kana

diiq

kukko

doolli

rotta

bisad

kissa

jiir

hiiri

dibi

härkä

eey

koira

hoyga eeyga

koirankoppi

tuubbo waraab

puutarhaletku

sakeelka waraabinta

kastelukannu

gudin

viikate

carro-roge

aura

gudin

sirppi

yaambo

kuokka

fargeeto caws-beereed

talikko

faas

kirves

gaari -gacan

kottikärryt

dar

kaukalo

dhalada caanaha

maitokannu

jawaan

säkki

deer

aita

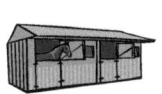

xero xooleed

talli

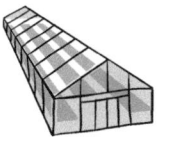

gur-biqlin-dhireed

kasvihuone

ciidda

maa

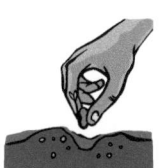

abuuka

siemen

bacrimiye

lannoite

cagafta beer-goynta

leikkuupuimuri

beer-goyn

kerätä sato

beer-gooyn

sato

moxog

jamssit

sarreen

vehnä

soya

soija

baradho

peruna

galley

maissi

geed-saliideed

rypsi

geed mirood

hedelmäpuu

moxog

maniokki

firiley

vilja

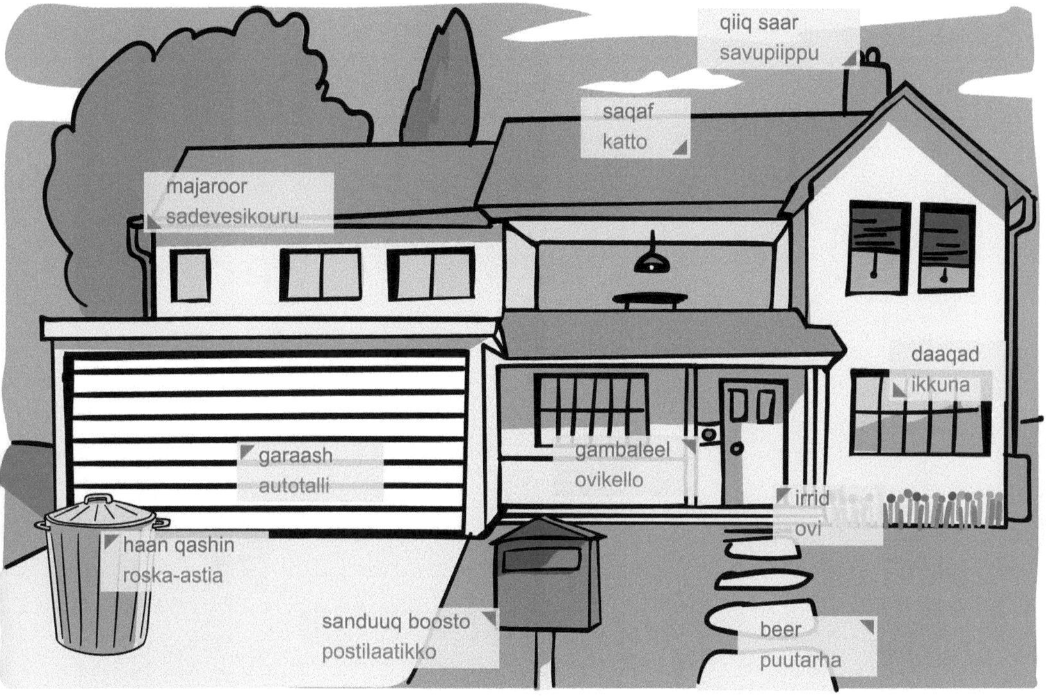

qiiq saar
savupiippu

saqaf
katto

majaroor
sadevesikouru

daaqad
ikkuna

garaash
autotalli

gambaleel
ovikello

irrid
ovi

haan qashin
roska-astia

sanduuq boosto
postilaatikko

beer
puutarha

qol jiib
olohuone

musqul-qubeys
kylpyhuone

jiko
keittiö

qolka jiifka
makuuhuone

qolka ilmaha
lastenhuone

qolka cuntada
ruokahuone

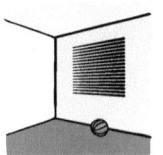

sagxad
....
lattia

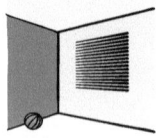

derbi
....
seinä

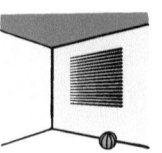

saqaf
....
katto

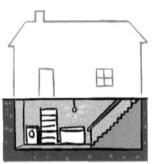

makhaasiin
....
kellari

soona
....
sauna

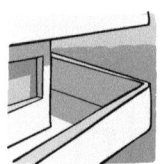

balakoon
....
parveke

daarad
....
terassi

barkad
....
uima-allas

caws-jare
....
ruohonleikkuri

buste
....
lakana

go'
....
päiväpeitto

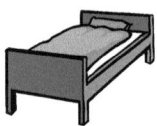

sariir
....
sänky

xaaqin
....
harja

baaldi
....
ämpäri

daare-damiye
....
katkaisin

qol jiib
olohuone

sharaaxd-derbi
tapetti
sawir
kuva
feynuus
lamppu
qaanad
hylly
armaajo
kaappi
telefiishan
televisio
dab-shid
takka
ubax
kukka
barkin
tyyny
fadhi-carbeed
sohva
dheri-ubax
maljakko
rimuud
kaukosäädin

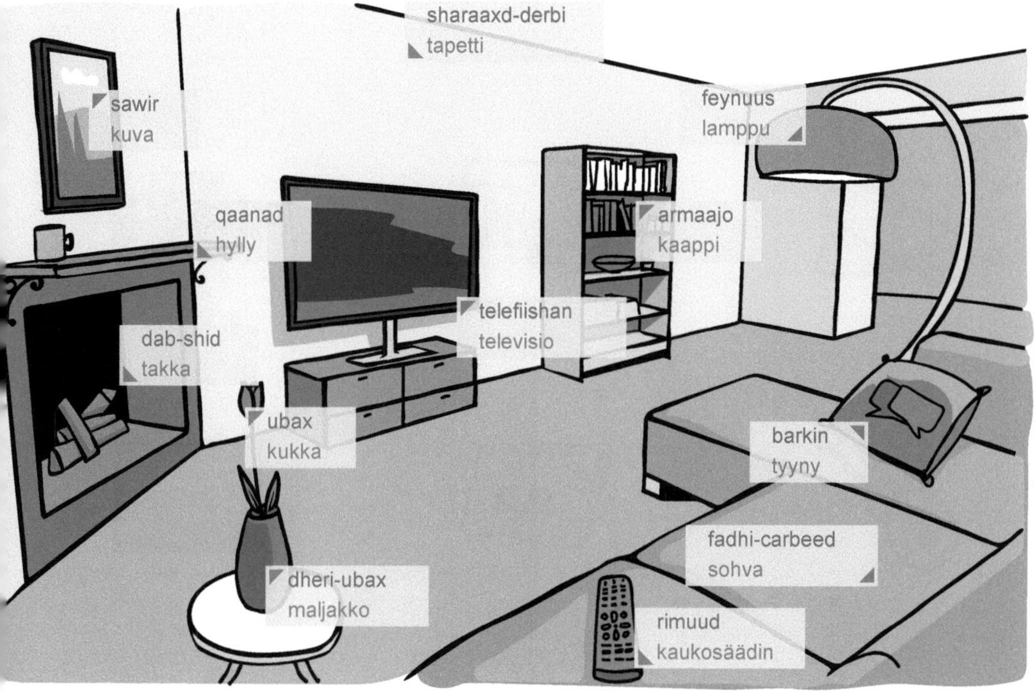

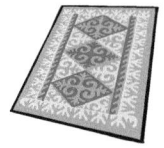

roog

matto

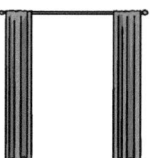

daah

verho

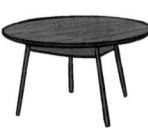

miis

pöytä

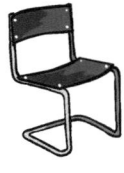

kursi

tuoli

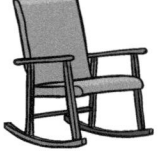

kursi wareega

keinutuoli

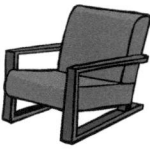

kursi fadhi

nojatuoli

buug

kirja

buste

peitto

qurxin

koriste

xaabo

polttopuut

filin

elokuva

cod-baahiye

stereot

fure

avain

wargeys

sanomalehti

rinjiyeyn

maalaus

tabeelo

juliste

raadiye

radio

xusuus-qor

muistivihko

huufar

pölynimuri

tiitiin

kaktus

shumac

kynttilä

jiko
keittiö

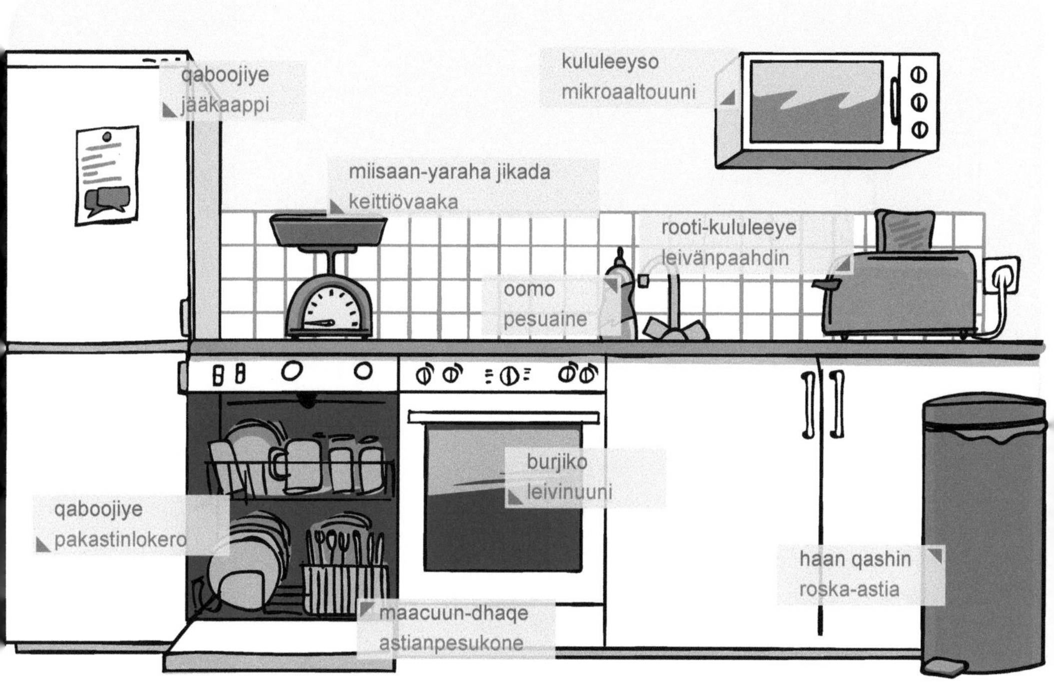

qaboojiye
jääkaappi
kululeeyso
mikroaaltouuni
miisaan-yaraha jikada
keittiövaaka
rooti-kululeeye
leivänpaahdin
oomo
pesuaine
burjiko
leivinuuni
qaboojiye
pakastinlokero
haan qashin
roska-astia
maacuun-dhaqe
astianpesukone

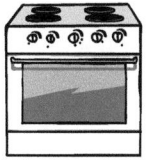

kuuker

liesi

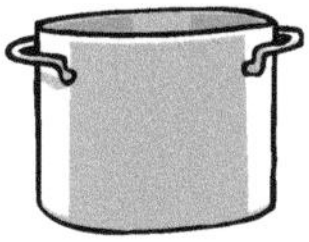

dheri

kattila

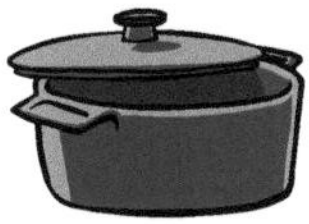

birtaawo

rautapata

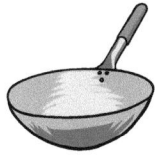

birtaawo

vokkipannu / kadai-pannu

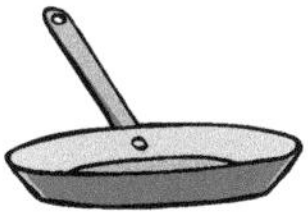

birtaawo

paistinpannu

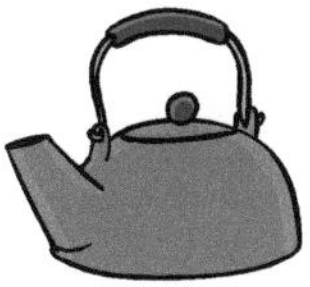

kirli

teepannu

uumiye

höyrykeitin

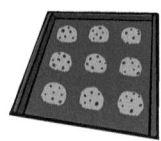

saxaarad dubista

uunipelti

maacuun

astiat

bakeeri

muki

baaquli

kulho

qoryo wax lagu cuno

syömäpuikot

malqacad

kauha

qaado

paistinlasta

folow

vispilä

miire

siivilä

shashaq

siivilä

qudaar-jare

raastin

mooye

mortteli

hilib-sol

grilli

dab

avotuli

alwaaxa wax-jar-jarka

leikkuulauta

ul jabaati

kaulin

guf-saare

korkinavaaja

gasac

purkki

gasac-fure

purkinavaaja

istaraasho-jiko

pannulappu

saxanka-alaab-dhaqa

lavuaari

caday

tiskiharja

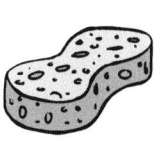

isbuunyo

pesusieni

shiide

tehosekoitin

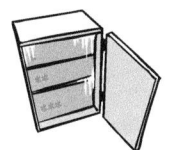

qaabojin qoto-dheer

pakastin

masaasad

tuttipullo

tuubbo

vesihana

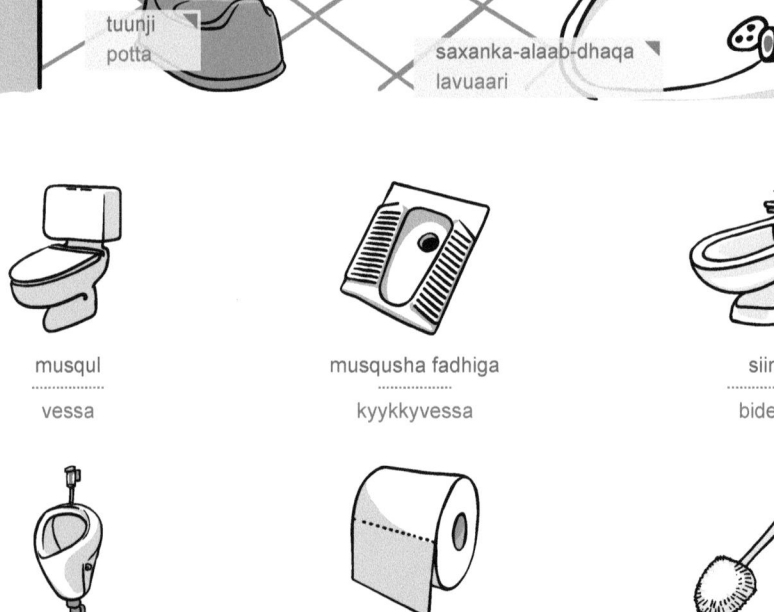

musqul-qubeys
kylpyhuone

kululeeye
lämmitys
qubeys
suihku
shukumaan
pyyhe
daaha qubeyska
suihkuverho
xumbo qubeys
vaahtokylpy
tuubbo qubeys
kylpyamme
galaas
lasi
qasaalad
pesukone
tuubbo
vesihana
mar-mar
kaakelit
tuunji
potta
saxanka-alaab-dhaqa
lavuaari

musqul

vessa

musqusha fadhiga

kyykkyvessa

siin

bidee

weel kaadi

pisuaari

tiish musqul

vessapaperi

burushka musqusha

vessaharja

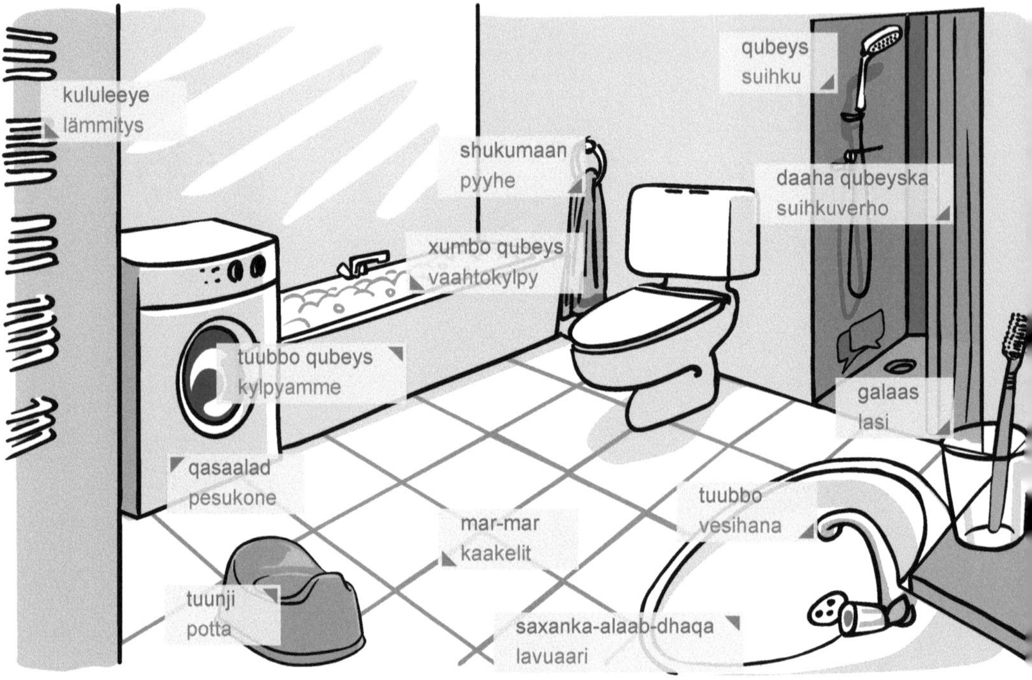

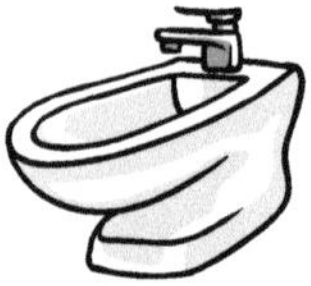

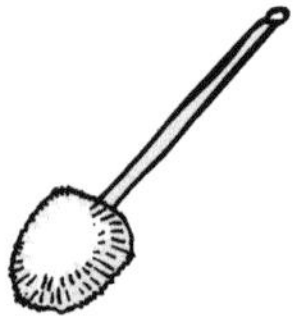

caday

hammasharja

daawo caday

hammastahna

dunta ilka farashada

hammaslanka

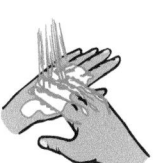

dhaq

pestä

gacan qubeys

käsisuihku

tuubo-musqul

intiimisuihku

beeshin

pesuvati

burush-qubeys

selkäharja

saabuun

saippua

shaambo

suihkugeeli

shaambo

shampoo

cago-saar

pesulappu

biyo-saare

viemäri

kareem

voide

carfiso

deodorantti

muraayad

peili

muraayad gacmeed

käsipeili

sakiin

partaveitsi

xumbada xiirashada

partavaahto

daawo gar-xiir

partavesi

shanlo

kampa

burush

harja

fooneeye

hiustenkuivaaja

timo-buufis

hiuslakka

waji-qurxiye

meikki

rooseeto

huulipuna

cidiyo-nadiifiye

kynsilakka

dun

pumpuli

cidiyo-jar

kynsisakset

baarafuun

hajuvesi

boorso-wajidhaq

kosmetiikkalaukku

saxaro

jakkara

miisaan culays

vaaka

dhar-qubeys

kylpytakki

gacma gashi cinjir

kumihansikkaat

tambooni

tamponi

tiimshe

terveysside

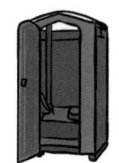

musqul kiimiko

kemiallinen wc

qolka ilmaha
lastenhuone

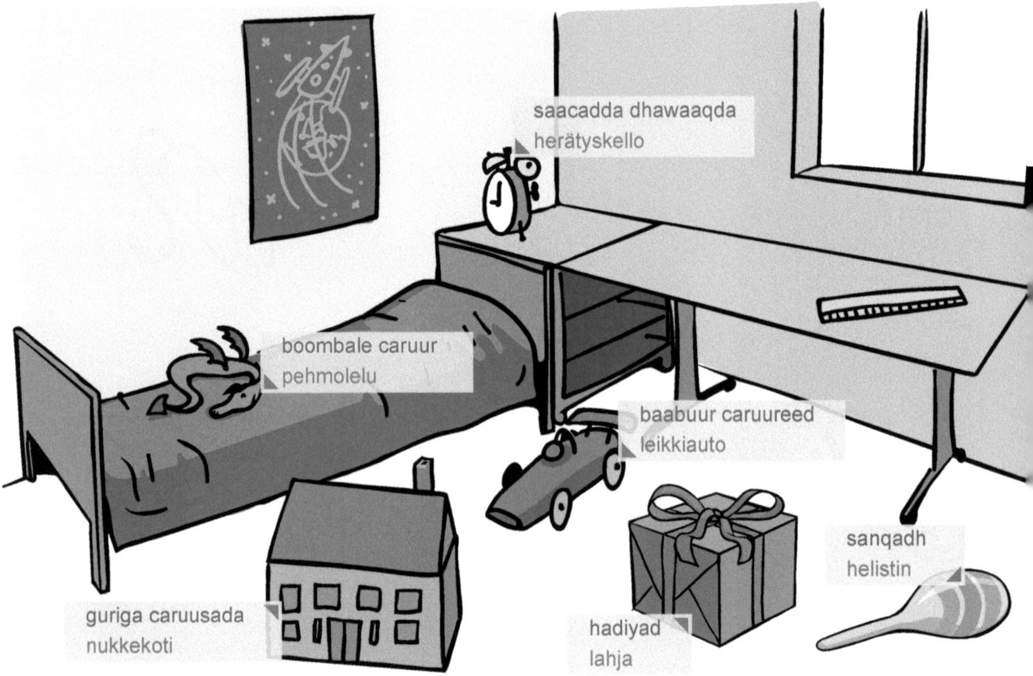
saacadda dhawaaqda
herätyskello
boombale caruur
pehmolelu
baabuur caruureed
leikkiauto
sanqadh
helistin
guriga caruusada
nukkekoti
hadiyad
lahja

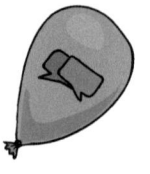

buufin
ilmapallo

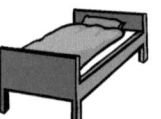

sariir
sänky

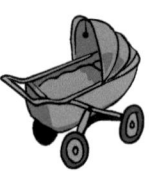

gaariga caruurta
lastenvaunut

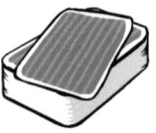

turub
korttipeli

miinshaar
palapeli

SUPER
MEGA

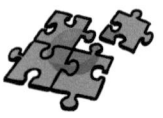

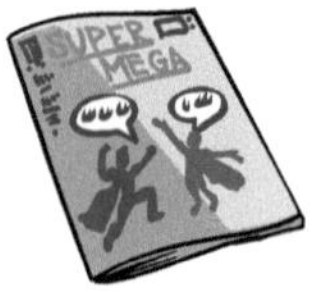

maad
sarjakuva

bulkeeti boombale ah

legopalikat

tooy

rakennuspalikat

sanam

supersankari

isku-jooga dhallaanka

potkupuku

aalad cayaar

frisbee

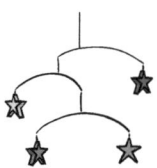

moobaayl

mobile

khamaar

lautapeli

laadhuu

noppa

moodo tareen

pienoisjunarata

boombale

tutti

xaflad

juhlat

buug sawirro

kuvakirja

kubbad

pallo

boombale

nukke

cayaar

leikkiä

dhoobo-dhoobeey

hiekkalaatikko

wiifoow

keinu

alaab-alaabeey

lelut

geemka gacanta laga hago

pelikonsoli

baaskiil

kolmipyörä

boombale

nalle

armaajo dhar

vaatekaappi

dhar

vaatteet

sigisaan

sukat

sigsaan haween

nylonsukat

surwaal-dhuuqsan

sukkahousut

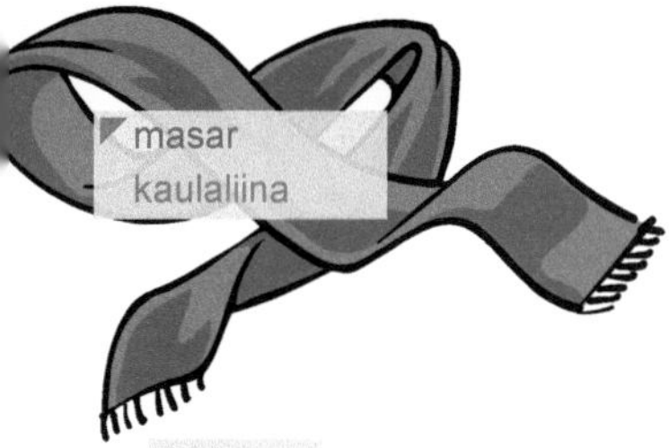

masar
kaulaliina

dallad
sateenvarjo

funaanad
t-paita

suun
vyö

kabo buud
saappaat

dacas
sisätossut

kabo tababar
lenkkarit

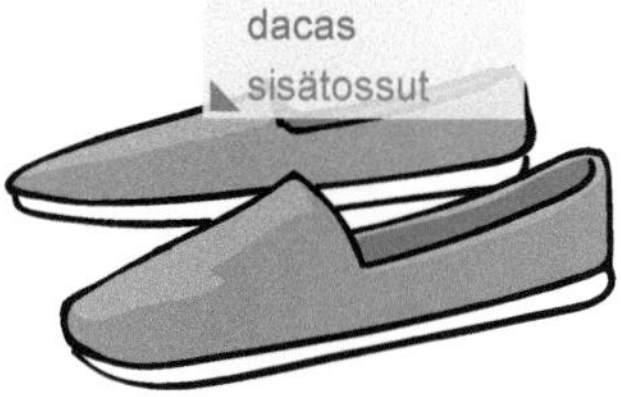

saandalo
sandaalit

kabo
kengät

kabo roob
kumisaappaat

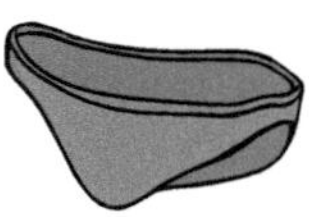

hoos-gashi
alushousut

rajabeeto
rintaliivit

garan
aluspaita

jir
body

surwaal
housut

surwaal jeenis
farkut

goono
hame

canbuur
pusero

shaati
paita

funaanad-dhaxameed
villapaita

garan dhaxameed
collegepaita

jaakad fudud
jakku

jaakad
takki

koodh
takki

koodhka roobka
sadetakki

dhar-munaasabadeed
puku

labbis
mekko

lebbis aroos
hääpuku

suut

puku

dhar-hurdo

yöpaita

bajaamo

pyjama

saari

shari

masar

päähuivi

cimaamad

turbaani

cabaayad

burka

saako

kaftaani

cabaayad

abaya

dharka-dabaasha

uimapuku

dabo-gaabyo

uimahousut

surwaal-dabagaab

shortsit

taraak-suut

verkkarit

dufan-dhowr

esiliina

gacmo gashi

käsineet

galluus

nappi

ookiyaale

silmälasit

jijin

rannekoru

silis

kaulakoru

faraati

sormus

dhego dhego

korvakoru

koofiyo

lippalakki

katabaan

ripustin

koofiyad

hattu

garabaati

solmio

jiinyeer

vetoketju

helmed

kypärä

ilko-reeb

henkselit

direes dugsi

koulupuku

direes

univormu

cayo-dhowr

ruokalappu

boombale

tutti

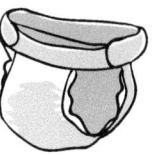

maro-dufeed

vaippa

xafiis
toimisto

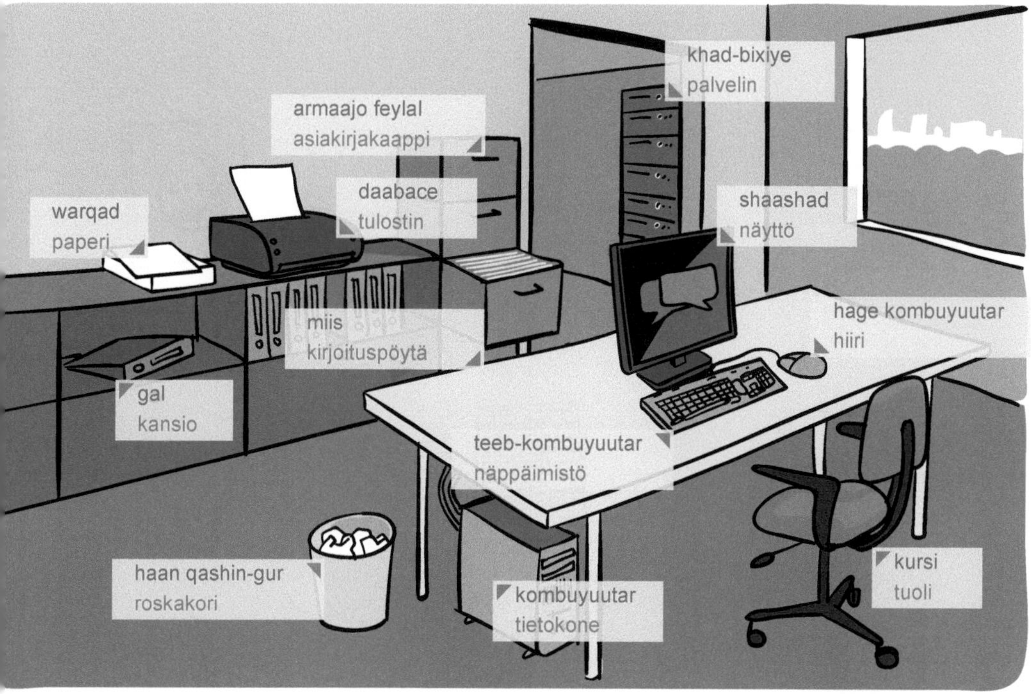

khad-bixiye
palvelin

armaajo feylal
asiakirjakaappi

daabace
tulostin

shaashad
näyttö

warqad
paperi

miis
kirjoituspöytä

hage kombuyuutar
hiiri

gal
kansio

teeb-kombuyuutar
näppäimistö

haan qashin-gur
roskakori

kombuyuutar
tietokone

kursi
tuoli

koob kafee

kahvimuki

kalkuleytar/xisaabiye

taskulaskin

internet

internet

laabtoob

kannettava tietokone

bakhshad

kirje

fariin

viesti

moobaayl

kännykkä

shabakad-kombuyuutar

verkko

footokoobi

kopiokone

barnaamij-kombuyuutar

ohjelmisto

telefoon

puhelin

god koronto

pistorasia

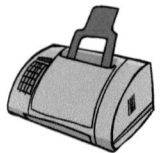

mishiinkan fax-ka

faksi

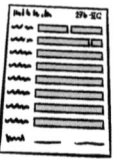

foomka

lomake

dokumenti

asiakirja

dhaqaalaha
talous

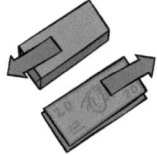

iibso
ostaa

bixi
maksaa

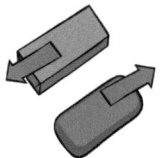

ganacso
vaihtaa

lacag
raha

USD

doollar
dollari

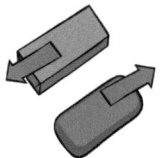

EUR

yuuro
euro

JPY

yenka jabbaan
jeni

RUB

robolka ruushka
rupla

CHF

Franka iswiiska
frangi

CNY

lacagta shiinaha
renminbi juan

INR

rubiyada hindiga
rupia

maqal
pankkiautomaatti

dhaqaalaha - talous   51

xafiiska sarrifaka lacagaha
....
rahanvaihto

dahab
....
kulta

qalin
....
hopea

shidaal
....
öljy

tamar
....
energia

qiime
....
hinta

qandaraas
....
sopimus

canshuur
....
vero

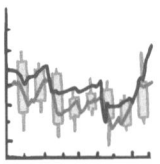

raasumaal
....
osake

shaqee
....
työskennellä

shaqaale
....
työntekijä

shaqaaleysiiye
....
työnantaja

warshad
....
tehdas

dukaan
....
liike

shaqooyin
ammatit

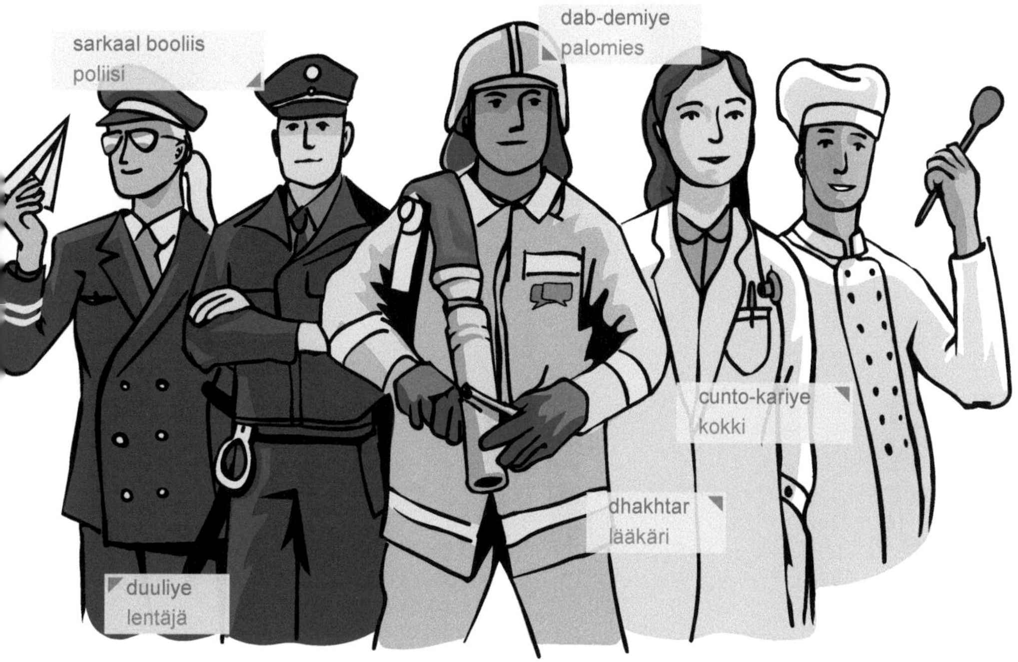
sarkaal booliis
poliisi
dab-demiye
palomies
cunto-kariye
kokki
dhakhtar
lääkäri
duuliye
lentäjä

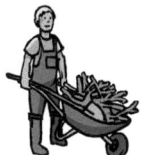

beeralley
puutarhuri

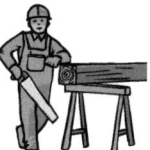

nijaar
puuseppä

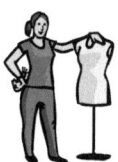

timo-qurxiso
ompelija

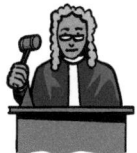

qaaddi
tuomari

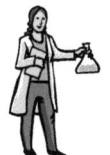

farmashiiste
kemisti

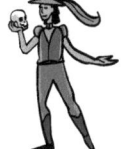

jile
näyttelijä

darawal bas

linja-autonkuljettaja

taksiile

taksinkuljettaja

kalluumeyste

kalastaja

nadiifiso

siivooja

saqaf-dhise

katontekijä

kabalyeeri

tarjoilija

ugaarsade

metsästäjä

rinjiile

maalari

rooti-dube

leipuri

koronto-yaqaan

sähköasentaja

dhise

rakentaja

injineer

insinööri

kawaanle

teurastaja

tuubbiiste

putkiasentaja

boostaale

postinjakaja

askari

sotilas

injineer-dhismo

arkkitehti

qasnaji

kassanhoitaja

ubax-yaqaan

floristi

timo-jare

kampaaja

kiro-uruuriye

konduktööri

makaanik

mekaanikko

kabtan

kapteeni

dhakhtar-ilko

hammaslääkäri

saaynisyahan

tiedemies

wadaad yahuud

rabbi

imaam

imaami

xerow

munkki

wadaad

pappi

qalab
työkalut

dubbe
vasara
biinsi
pihdit
kashawiito
ruuvimeisseli
kiyaawe
jakoavain
toosh
taskulamppu

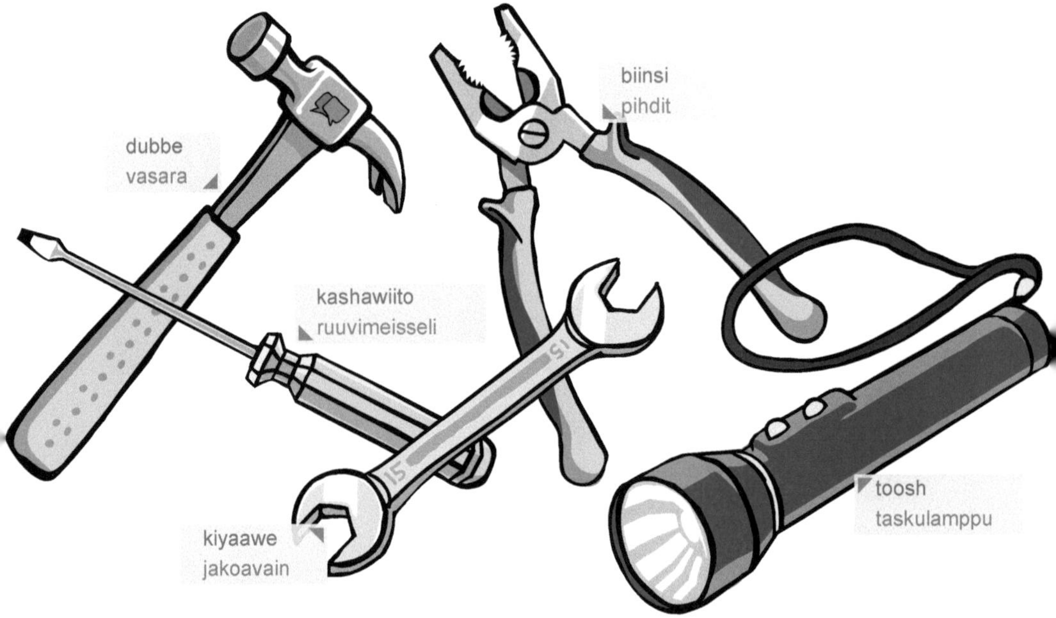

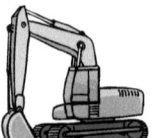

dhul-qoddo
kaivinkone

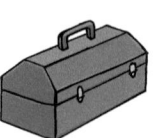

qalab-xajiye
työkalupakki

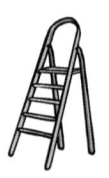

jaraanjaro
tikkaat

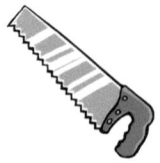

miinshaar
saha

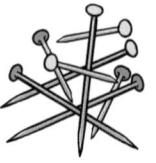

musbaarro
naulat

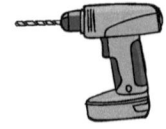

dalooliye
pora

dayactir

korjata

badiil

lapio

inkaar kugu dhacday!

Hitto!

bus-xaabiye

rikkalapio

gasacad rinji

maalipurkki

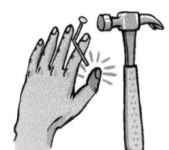

boolal

ruuvit

qalab muusiko
soittimet

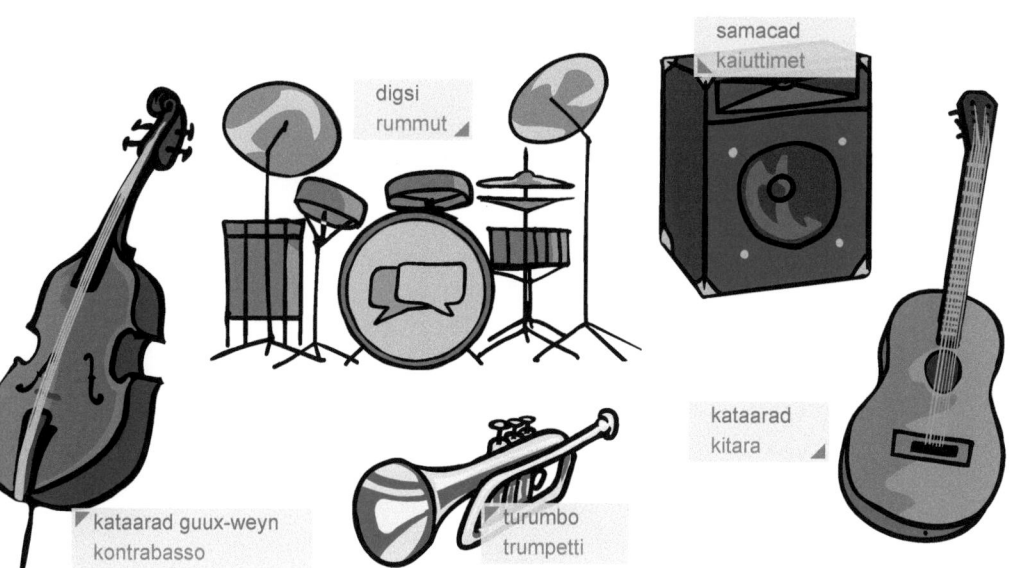

samacad
kaiuttimet

digsi
rummut

kataarad
kitara

kataarad guux-weyn
kontrabasso

turumbo
trumpetti

biyaano

piano

fiyooliin

viulu

karaarad guux-dheer

basso

durbaan-sheegagle

patarummut

durbaan

rumpu

loox-xarfeed-biyaano

kosketinsoitin

turumbo

saksofoni

siin-baar

huilu

makarafoon

mikrofoni

beer-xayawaan
eläintarha

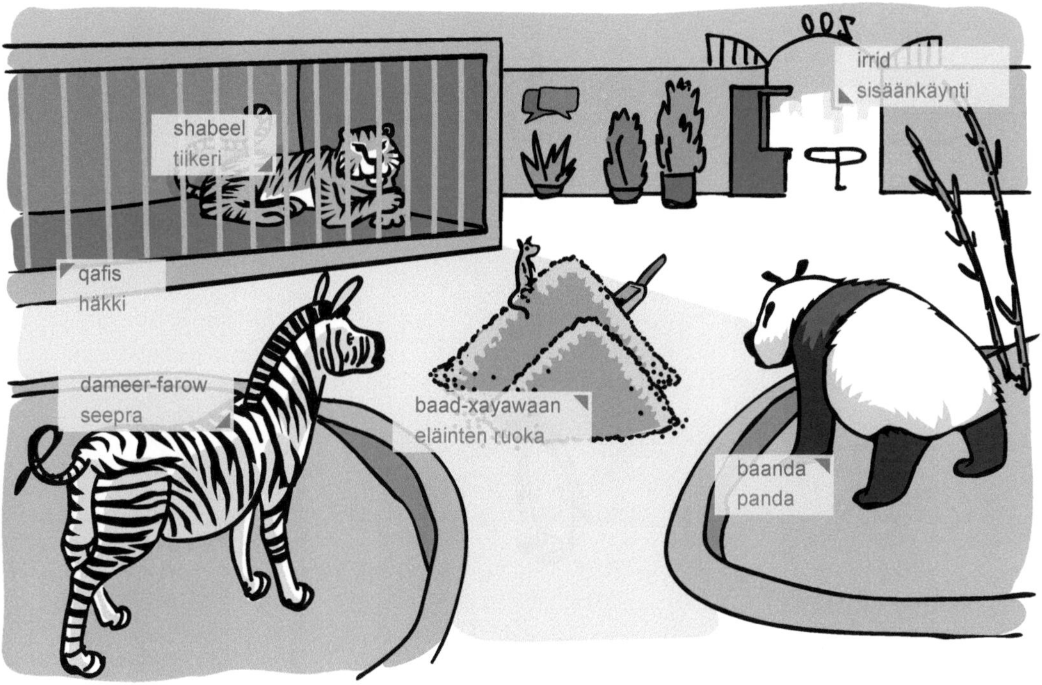
irrid
sisäänkäynti
shabeel
tiikeri
qafis
häkki
dameer-farow
seepra
baad-xayawaan
eläinten ruoka
baanda
panda

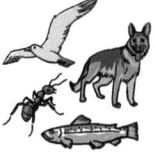

xayawaan

eläimet

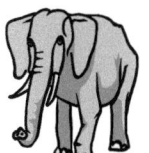

maroodi

norsu

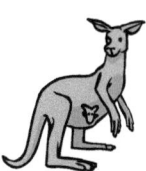

kaangaruu

kenguru

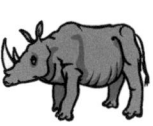

wiyil

sarvikuono

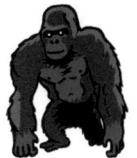

goriille

gorilla

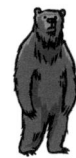

oorso

karhu

geel

kameli

gorayo

strutsi

libaax

leijona

daanyeer

apina

xiita-luga-dheer

flamingo

baqbaqaa

papukaija

oorso baraf-ku-nool

jääkarhu

shimbir baraf

pingviini

libaax-badeed

hai

daa'uus

riikinkukko

mas

käärme

yaxaas

krokotiili

beer-xayawaan ilaaliye

eläintarhanhoitaja

bahal kalluun-cun

hylje

shabeel-u-eke

jaguaari

dhal faras

poni

harmacad

leopardi

jeer

virtahepo

geri

kirahvi

gorgor

kotka

doofaar-jilibeey

villisika

kalluun

kala

qubo

kilpikonna

maroodi-badeed

mursu

dawaco

kettu

deero

gaselli

kubadda-cagta maraykanka
amerikkalainen jalkapallo

tartanka bashkuleetiga
pyöräily

kubbadda miiska
tennis

kubbadda koleyga
koripallo

dabaal
uinti

cayaarta feerka
nyrkkeily

hookiga barafka lagu dhe
jääkiekko

kubadda cagta
jalkapallo

baadminton
sulkapallo

ciyaaraha fudud
yleisurheilu

kubadda gacanta
käsipallo

iskii/ciyaarta barafka
hiihto

cayaar-faras
poolo

hawlo
aktiviteetit

qosol
nauraa
boodid
hypätä
hab-siin
halata
soco
kävellä
hees
laulaa
riyo
unelmoida
duceyso
rukoilla
dhunkasho
suudella

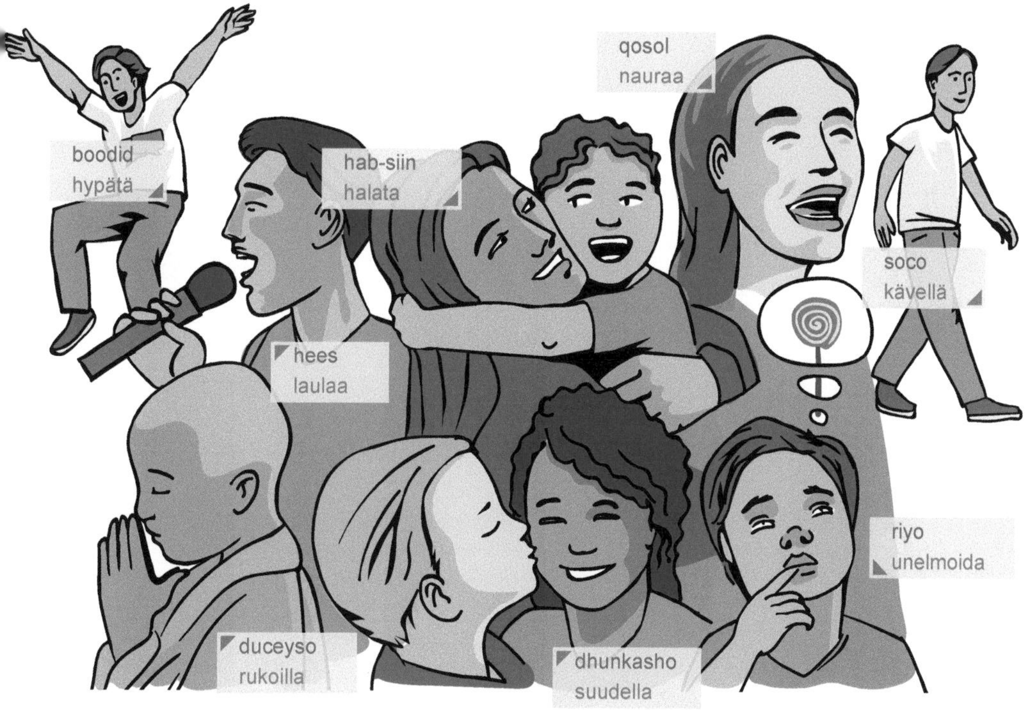

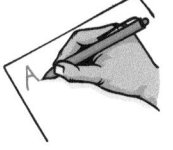

qorraxeed
kirjoittaa

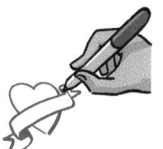

masawirid
piirtää

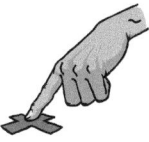

muuji
näyttää

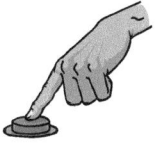

riix
painaa

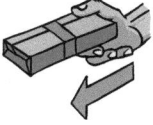

sii
antaa

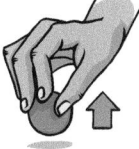

qaado
ottaa

haysasho

omistaa

samee

tehdä

ahaansho

olla

istaag

seisoa

orod

juosta

jiid

vetää

tuur

heittää

dhicid

kaatua

been-sheegid

maata

sug

odottaa

qaad

kantaa

fariiso

istua

labiso

pukeutua

seexo

nukkua

toos

herätä

fiiri
katsoa

ooy
itkeä

dhuftay
silittää

shanleyso
kammata

hadal
puhua

faham
ymmärtää

weydii
kysyä

dhageysasho
kuunnella

cab
juoda

cun
syödä

habee
siivota

jacayl
rakastaa

kari
keittää

kaxee
ajaa

duulid
lentää

shiraaco

purjehtia

xisaabi

laskea

akhri

lukea

barasho

oppia

shaqee

työskennellä

guurso

mennä naimisiin

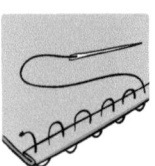

tol

ommella

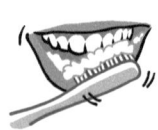

cadayso

pestä hampaat

dilid

tappaa

sigaar cab

tupakoida

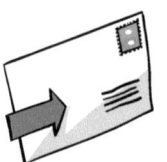

dir

lähettää

qoys
perhe

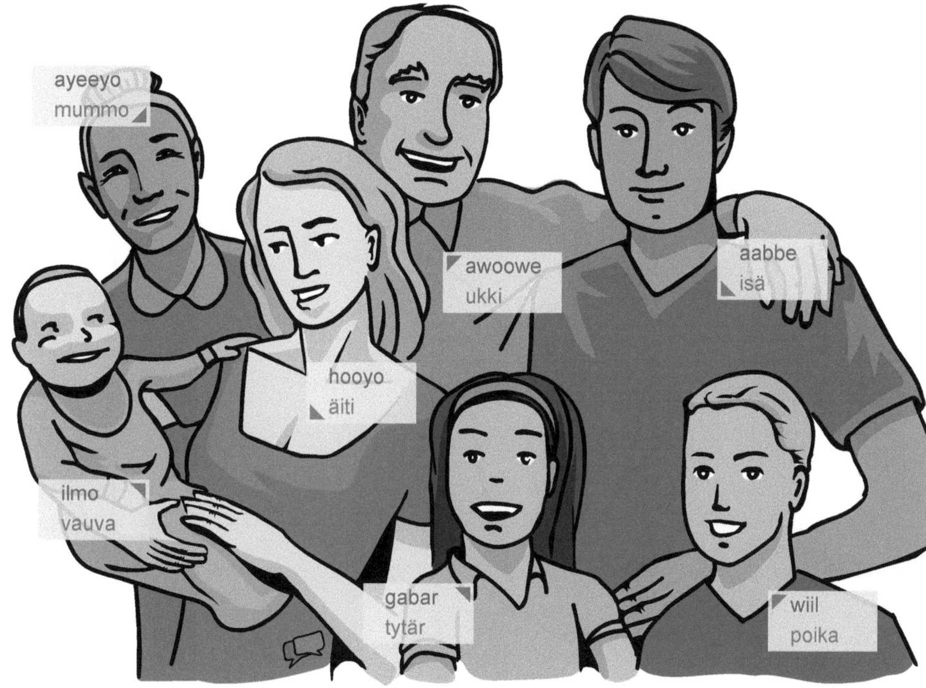
ayeeyo
mummo
awoowe
ukki
aabbe
isä
hooyo
äiti
ilmo
vauva
gabar
tytär
wiil
poika

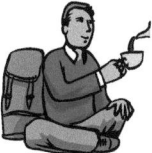

marti

vieras

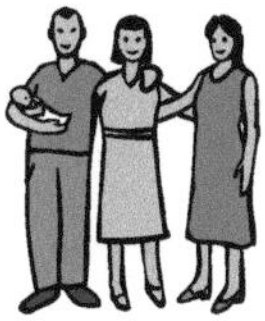
eeddo

täti

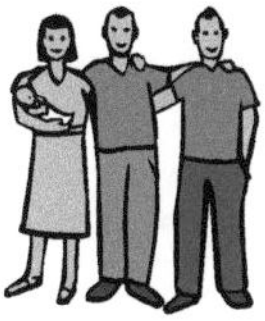
adeer

setä

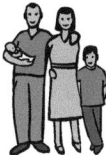

walaal rag

veli

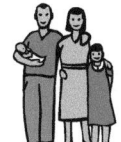

walaal dumar

sisko

jir
vartalo

fool
otsa
il
silmä
garab
olkapää
far
sormet
weji
kasvot
gar
leuka
gacan
käsi
lug
jalka
naas
rinta
cudud
käsivarsi

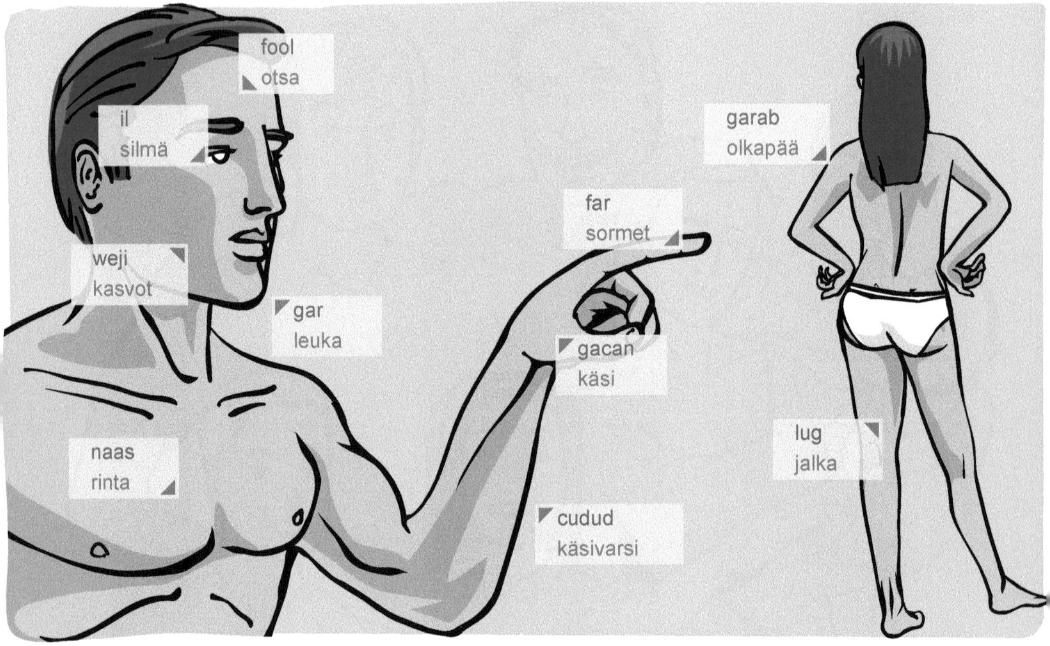

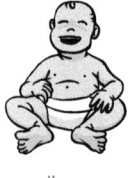

ilmo

vauva

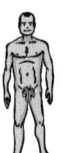

nin

mies

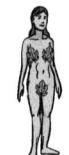

naag

nainen

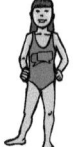

gabar

tyttö

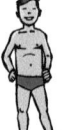

wiil

poika

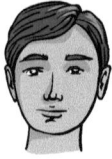

madax

pää

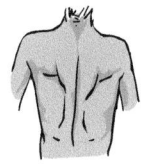

dhabar

selkä

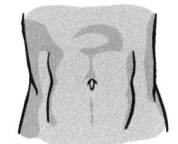

calool

maha

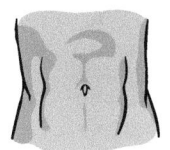

xuddun

napa

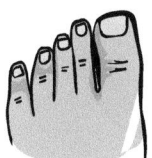

suul

varvas

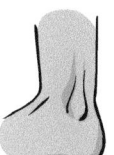

cirib

kantapää

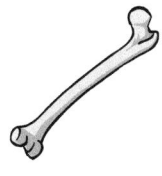

laf

luu

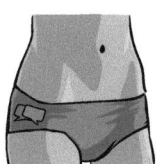

sin

lantio

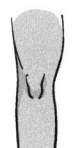

jilib

polvi

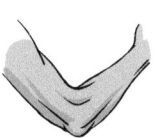

xusul

kyynärpää

san

nenä

bari

takapuoli

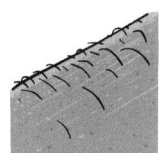

maqaar

iho

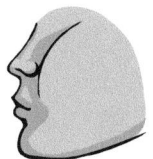

dhafoor

poski

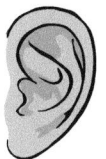

dheg

korva

bishin

huuli

af
....
suu

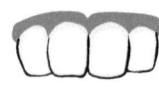

ilig
....
hammas

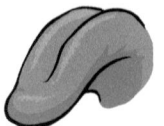

carrab
....
kieli

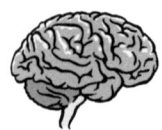

maskax
....
aivot

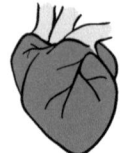

wadno
....
sydän

muruq
....
lihas

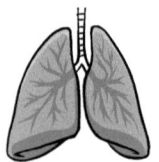

sambab
....
keuhkot

beer
....
maksa

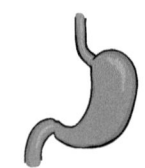

uur kujirta caloosha
....
vatsa

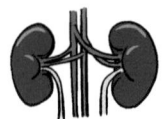

kelyo
....
munuaiset

galmo
....
seksi

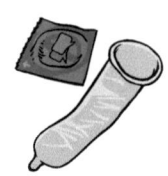

cinjir-galmo
....
kondomi

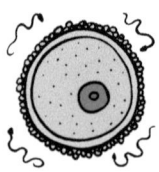

ugxan
....
munasolu

shahwo
....
sperma

uur
....
raskaus

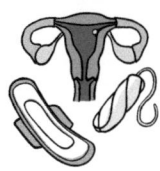

caado

kuukautiset

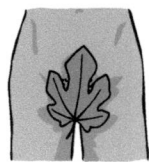

siil

vagina

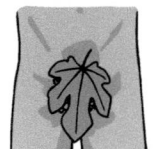

gus

penis

suni

kulmakarvat

timo

hiukset

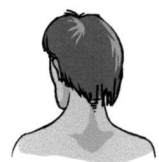

qoor

niska

isbitaal
sairaala

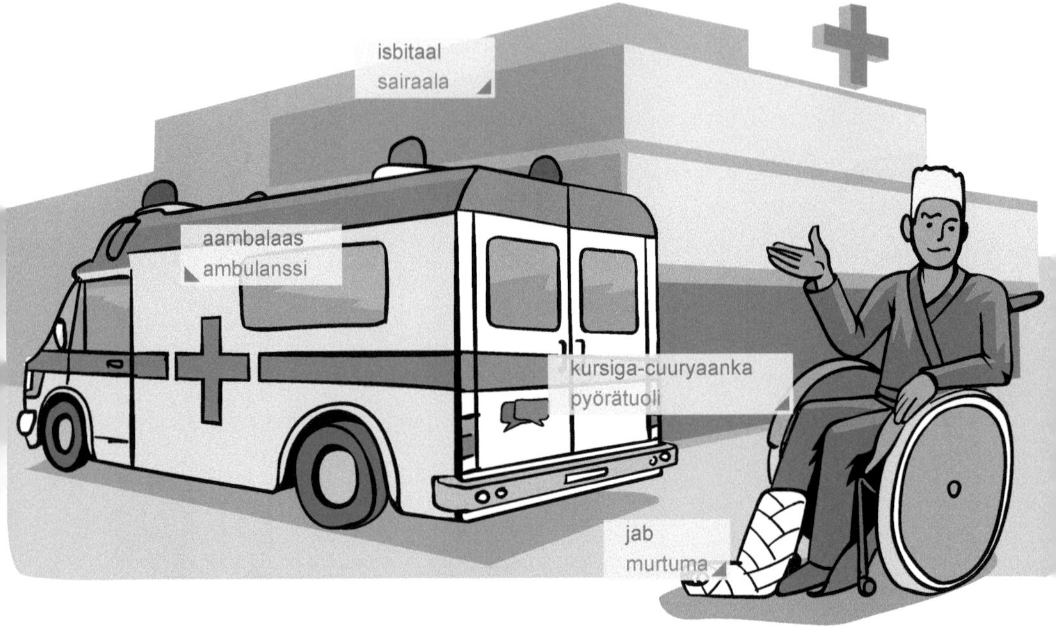

isbitaal
sairaala
aambalaas
ambulanssi
kursiga-cuuryaanka
pyörätuoli
jab
murtuma

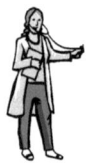

dhakhtar

lääkäri

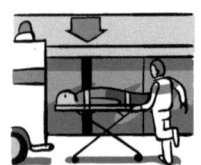

qolka xaaladaha-degdega ah

ensiapu

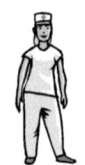

kalkaaliye

sairaanhoitaja

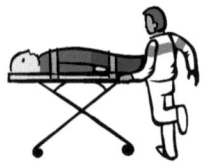

xaalad deg-deg ah

hätätilanne

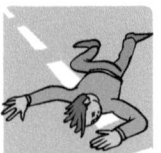

miyir-beelsan

tajuton

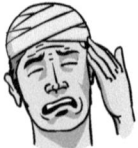

xanuun

kipu

dhaawac

vamma

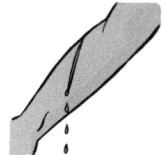

dhiig-bax

verenvuoto

wadno-xanuun

sydänkohtaus

qallal

aivoinfarkti

xasaasiyad

allergia

qufac

yskä

qandho

kuume

hargab

flunssa

shuban

ripuli

madax-xanuun

päänsärky

kansar

syöpä

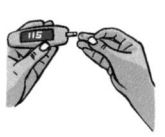

cudurka sokoroow

diabetes

dhakhtarka-qalliinka

kirurgi

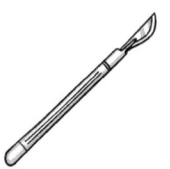

mindida qalliinka

veitsi

qalliin

leikkaus

iskaan
ct

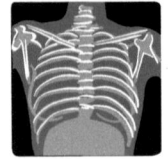

raajo
röntgen

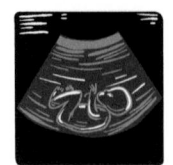

dhawaaq-xawaareed
ultraääni

maaskaro
maski

cudur sokoroow
sairaus

qolka sugitaanka
odotushuone

ul lagu boodo
sauva

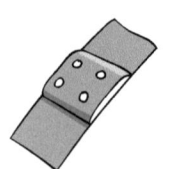

kab
laastari

faashato
side

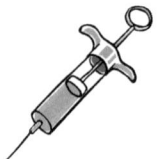

duris
pistos

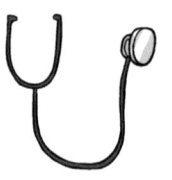

wadne-dhegeyeste
stetoskooppi

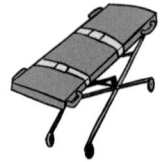

balankiino
paarit

heer-kul-beega qandhada
kuumemittari

dhalasho
syntymä

aad-u-cayilan
ylipaino

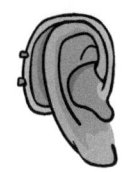

maqal-caawiye

kuulolaite

jeermis-dile

desinfiointiaine

caabuq

infektio

feyras

virus

AYDHIS/HIV

HIV / AIDS

daawo

lääke

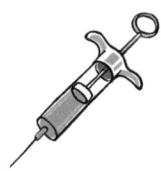

tallaal

rokotus

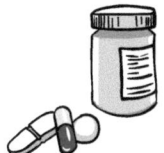

kaniiniyo

tabletit

kaniin

pilleri

wicitaan deg-deg ah

hätäpuhelu

cabbiraha dhiig-karka

verenpainemittari

xanuunsan / caafimaadsan

sairas / terve

i caawiya!

Apua!

sawaxan

hälytys

weerar-kadisa ah

ryöstö

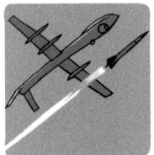

weerar

hyökkäys

khatar

vaara

irridda bixida xaalad-deg-deg

hätäuloskäynti

dab!

Tulipalo!

dab demiye

palosammutin

shil

onnettomuus

saduuqa xaalada-degdega ah

ensiapulaukku

codsi badbaado

SOS

booliis

poliisilaitos

Yurub

Eurooppa

woqooyiga ameerika

Pohjois-Amerikka

koonfurta ameerika

Etelä-Amerikka

Afrika

Afrikka

Aasiya

Aasia

Oostareeliya

Australia

Atlaantik

Atlantin valtameri

Pacific

Tyynimeri

Bad-waynta hindiya

Intian valtameri

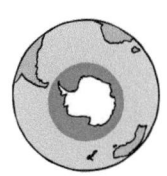

Bad-waynta antarctica

Eteläinen jäämeri

Bad-waynta arctic

Pohjoinen jäämeri

cirifka waqooyi

pohjoisnapa

cirifka koonfureed
etelänapa

Antarctica
Antarktis

dhul
maa

dhul
maa

bad
meri

jasiirad
saari

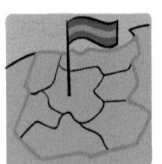

waddan
kansa

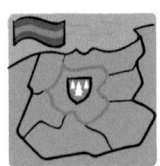

gobol
osavaltio

wajiga saacadda

kellotaulu

gacanka saacada

tuntiviisari

gacanka daqiiqada

minuuttiviisari

gacanka ilbiriqsiga

sekuntiviisari

waa intee saac?

Paljonko kello on?

maalin

päivä

wakhti

aika

hadda

nyt

saacadda jiifarrada

digitaalikello

daqiiqad

minuutti

saacad

tunti

toddobaad
viikko

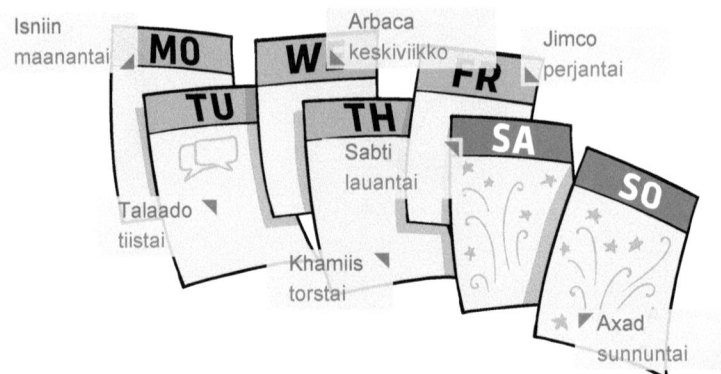

Isniin
maanantai — MO

Arbaca
keskiviikko — W

Jimco
perjantai — FR

Talaado
tiistai — TU

Sabti
lauantai — TH

SA

Khamiis
torstai — TH

SO

Axad
sunnuntai

shalay
....
eilen

maanta
....
tänään

berri
....
huomenna

subax
....
aamu

duhur
....
keskipäivä

casir
....
ilta

MO	TU	WE	TH	FR	SA	SU
1	2	3	4	5	6	7
8	9	10	11	12	13	14
15	16	17	18	19	20	21
22	23	24	25	26	27	28
29	30	31	1	2	3	4

maalmaha shaqo
....
työpäivät

MO	TU	WE	TH	FR	SA	SU
1	2	3	4	5	6	7
8	9	10	11	12	13	14
15	16	17	18	19	20	21
22	23	24	25	26	27	28
29	30	31	1	2	3	4

dabayaaqada usbuuca
....
viikonloppu

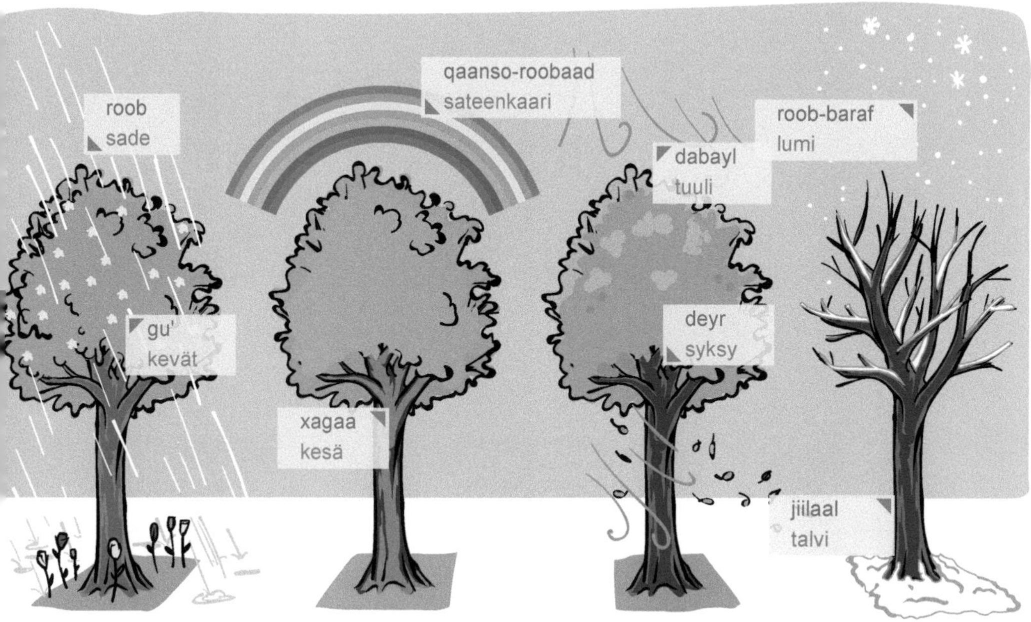

roob
sade

qaanso-roobaad
sateenkaari

roob-baraf
lumi

dabayl
tuuli

gu'
kevät

deyr
syksy

xagaa
kesä

jiilaal
talvi

4.APRIL	11°	☀
5.APRIL	4°	🌧
6.APRIL	13°	🌧
7.APRIL	8°	☀
8.APRIL	10°	☀

saadaal hawo

sääennuste

heer-kul baare

lämpömittari

qorraxeed

auringonpaiste

daruur

pilvi

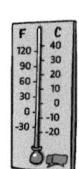

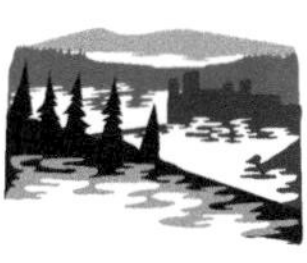

ceeryaamo

sumu

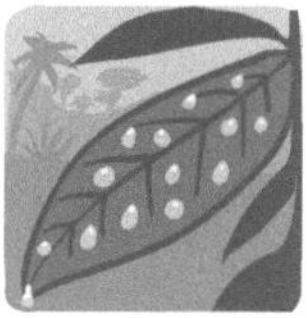

huur

ilmankosteus

jac

salama

onkod

ukkonen

duufaan

myrsky

roob-baraf

rae

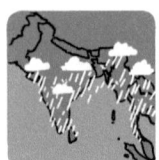

maansuun

monsuuni

daad

tulva

baraf

jää

Jannaayo

tammikuu

Febraayo

helmikuu

Maarso

maaliskuu

Abriil

huhtikuu

Mey

toukokuu

Juun

kesäkuu

Luulyo

heinäkuu

Agoosto

elokuu

Sebteember
....
syyskuu

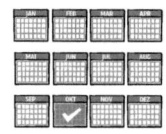

Oktoobar
....
lokakuu

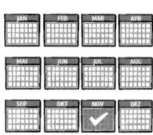

Nofeember
....
marraskuu

Diseember
....
joulukuu

goobaabo
....
ympyrä

afar-gees
....
neliö

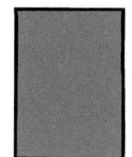

leydi
....
suorakulmio

saddex-xagal
....
kolmio

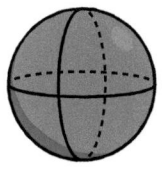

wareeg
....
pallo

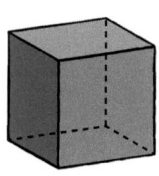

bokis
....
kuutio

caddaan

valkoinen

hurdi

keltainen

oranji

oranssi

guduud-khafiif

vaaleanpunainen

casaan

punainen

carwaajis

violetti

bluug

sininen

cagaar

vihreä

boroon

ruskea

cawl

harmaa

madow

musta

badan / yar

paljon / vähän

caro / daganaan

vihainen / ystävällinen

qurxoon / foolxun

kaunis / ruma

billow / dhammaad

alku / loppu

yar / weyn

suuri / pieni

iftiin / mugdi

vaalea / tumma

walaalkaa / walaashaa

veli / sisko

nadiif / wasakhaysan

puhdas / likainen

buuxa / dhantaalan

täydellinen / epätäydellinen

maalin / habeen

päivä / yö

dhintay / nool

kuollut / elävä

ballaaran / ciriiri ah

leveä / kapea

la cuni karo / aan la cuni karin

syötävä / syömäkelvoton

arxan-daran / naxariis-badan

paha / kiltti

faraxsan / caajisan

innostunut / tylsistynyt

buuran / caateysan

lihava / laiha

ugu horeeya / ugu dambeeya

ensimmäinen / viimeinen

saaxiib / cadaw

ystävä / vihollinen

maran / buuxa.

täysi / tyhjä

adag / jilicsan

kova / pehmeä

culus / fudud

painava / kevyt

gaajo / oon

nälkä / jano

xanuunsan / caafimaadsan

sairas / terve

sharci-darro / sharci

laiton / laillinen

caaqil / dabbaal

älykäs / tyhmä

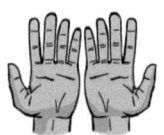

bidix / midig

vasen / oikea

dhow / fog

lähellä / kaukana

cusub / duug

uusi / käytetty

waxba / wax

ei mitään / jotain

da' / dhalinyar

vanha / nuori

daaris / damin

päällä / pois päältä

furan / xiran

auki / kiinni

aamusnaan / cod-dheer

hiljainen / äänekäs

taajir / sabool

rikas / köyhä

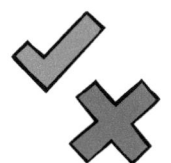

sax / khalad

oikein / väärin

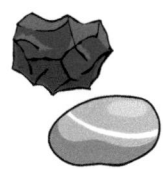

jilif leh / sabiibax

karhea / sileä

murugsan / faraxsan

surullinen / iloinen

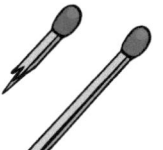

gaaban / dheer

lyhyt / pitkä

tartiib / dhaqsi

hidas / nopea

qoyaan / qalleyl

märkä / kuiva

qandac / qabow

lämmin / viileä

dagaal / nabad

sota / rauha

lambarro

numerot

0

eber

nolla

1

kow

yksi

2

laba

kaksi

3

saddex

kolme

4

afar

neljä

5

shan

viisi

6

lix

kuusi

7

toddoba

seitsemän

8

sideed

kahdeksan

9

sagaal

yhdeksän

10

toban

kymmenen

11

kow iyo toban

yksitoista

12

laba iyo toban

kaksitoista

13

sadex iyo toban

kolmetoista

14

afar iyo toban

neljätoista

15

shan iyo toban

viisitoista

16

lix iyo toban

kuusitoista

17

todoba iyo toban

seitsemäntoista

18

sideed iyo toban

kahdeksantoista

19

sagaal iyo toban

yhdeksäntoista

20

labaatan

kaksikymmentä

100

boqol

sata

1.000

kun

tuhat

1.000.000

malyuun

miljoona

Af ingiriis

englanti

Ingiriiska Mareykanka

amerikanenglanti

Mandariinka Shiinaha

mandariinikiina

Hindi

hindi

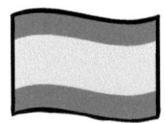

Boortaqiis

espanja

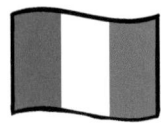

Faransiis

ranska

Carabi

arabia

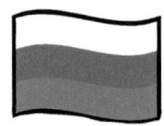

Ruush

venäjä

Boortaqiis

portugali

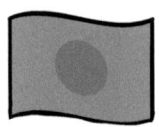

Bengaali

bengali

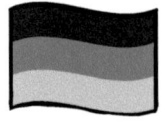

Jarmal

saksa

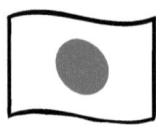

Jabaaniis

japani

aniga

minä

adiga

sinä

asaga / ayada

hän

annaga

me

idinka

te

ayaga

he

kee?

kuka?

maxay?

mitä / mikä?

sidee?

miten?

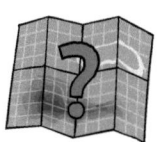

xagee?

missä?

goorma?

milloin?

magac

nimi

xaggee
missä

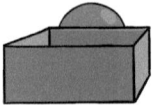

gadaal

takana

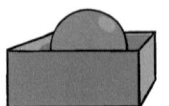

gudaha

sisällä

horta

edessä

ka sare

yläpuolella

dusha

päällä

ka hooseeya

alapuolella

dhinac

vieressä

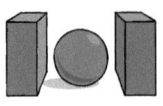

u dhexeeya

välissä

meel

paikka